精選白話史記

司馬遷　著

商務印書館

精選白話史記

原　　著：司馬遷

責任編輯：吳　銘

插　　圖：汪恩成

出　　版：商務印書館 (香港) 有限公司

　　　　　香港筲箕灣耀興道 3 號東滙廣場 8 樓

　　　　　http://www.commercialpress.com.hk

發　　行：香港聯合書刊物流有限公司

　　　　　香港新界荃灣德士古道 220–248 號荃灣工業中心 16 樓

印　　刷：美雅印刷製本有限公司

　　　　　九龍官塘榮業街 6 號海濱工業大廈 4 樓 A 室

版　　次：2023 年 4 月第 1 版第 6 次印刷

　　　　　© 2010 商務印書館 (香港) 有限公司

　　　　　ISBN　978 962 07 1887 8

　　　　　Printed in Hong Kong

目 錄

小專題一

司馬遷與《史記》　　朱自清

　　《史記》，漢司馬遷著。司馬遷字子長，陝西韓城人，（景帝中元五年—西元前 451 年生，卒不詳。）他是太史令司馬談的兒子。小時候在本鄉只幫人家耕耕田、放放牛玩兒。司馬談作了太史令，才將他帶到京師（今西安）讀書。他十歲的時候，便認識“古文”的書了。二十歲以後，到處遊歷，真是足跡遍天下。他東邊到過現在的河北、山東及江、浙沿海，南邊到過湖南、江西、雲南、貴州，西邊到過陝、甘、西康等處，北邊到過長城等處；當時的“大漢帝國”，除了朝鮮、河西（今寧夏一帶）、嶺南幾個新開郡外，他都走到了。

　　他的出遊，相傳是父親命他搜求史料去的；但也有些是因公去的。他看到了好些古代的遺跡，聽到了好些古代的軼聞；這些都是活史料，他用來印證並補充他所讀的書。他作《史記》，敍述和描寫往往特別親切有味，便是為此。他的遊歷不但增擴了見聞，也增擴了他的胸襟；他能夠綜括三千多年的事，寫成一部大書，而行文又極其抑揚變化之致，可見他的胸襟是如何的闊大。

他二十幾歲的時候，應試得高第，作了郎中。武帝元封元年（西元前 110），大行封禪典禮，步騎十八萬，旌旗千餘里。司馬談是史官，本該從行；但是病得很重，留在洛陽不能去。司馬遷卻跟去了。回來見父親，父親已經快死了，拉着他的手嗚咽着道：“我們先人從虞、夏以來，世代作史官；周末棄職他去，從此我家便衰微了。我雖然恢復了世傳的職務，可是不成；你看這回封禪大典，我竟不能從行，真是命該如此！再說孔子因為眼見王道缺，禮樂衰，才整理文獻，論《詩》、《書》作《春秋》，他的功績是不朽的。孔子到現在又四百多年了，各國只管爭戰，史籍都散失了，這得搜求整理；漢朝一統天下，明主、賢君、忠臣、死義之士，也得記載表彰。我作了太史令，卻沒能盡職，無所論著，真是惶恐萬分。你若能繼承先業，再作太史令，成就我的未竟之志，揚名於後世，那就是大孝了。你想着我的話罷。”司馬遷聽了父親這番遺命，低頭流淚答道：“兒子雖然不肖，定當將你老人家所搜集的材料，小心整理起來，不敢有所遺失。”司馬談便在這年死了；司馬遷這年三十六歲，父親的遺命指示了他一條偉大的路。

父親死的第三年，司馬遷果然作了太史令。他有機會看到許多史籍和別的藏書，便開始作整理的工夫。那時史料都集中在太史令手裏，特別是漢代各地方行政報告，他那裏都有。他一面整理史料，一面卻忙着改曆的工作；直到太初元年（西元前 104），太初曆完成，才動手著他的書。天漢二年（西元前 99），李陵奉了貳師將軍李廣利的命，領了五千兵，

出塞打匈奴。匈奴八萬人圍着

他們；他們殺傷了匈奴一萬多，可是自

己的人也死了一大半。箭完了，又沒吃的，耗

了八天，等貳師將軍派救兵。救兵竟沒有影子。匈奴卻派人

來招降。李陵想着回去也沒有臉，就降了。武帝聽了這個消

息，又急又氣。朝廷裏紛紛説李陵的壞話。武帝問司馬遷，

李陵到底是個怎樣的人。李陵也作過郎中，和司馬遷同過事，

司馬遷是知道他的。

　　他説李陵這個人秉性忠義，常想犧牲自己，報效國家。

這回以少敵眾，兵盡路窮，但還殺傷那麼些人，功勞其實也

不算小。他決不是怕死的人，他的降大概是假意的，也許在

等機會給漢朝出力呢。武帝聽了他的話，想着貳師將軍是自

己派的元帥，司馬遷卻將功勞歸在投降的李陵身上，真是大

不敬；便教將他抓起來，下在獄裏。第二年，武帝殺了李陵

全家，處司馬遷宮刑。宮刑是個大辱，污及先人，見笑親友。

他灰心失望已極，只能發憤努力，在獄中專心致志寫他的

書，希圖留名後世。過了兩年，武帝改元太始，大赦天

下。他出了獄，不久卻又作了中書令，重被寵信。但他

還繼續寫他的書。直到征和二年（西元前 91），全書才得

完成，共一百三十篇，五十二萬六千五百字。他死後，這部

書部分流傳；到宣帝時，他的外孫楊惲才將全書獻上朝廷，

並公行於世。漢人稱為《太史公書》、《太史公》、《太史公

記》、《太史記》。魏、晉間才簡稱為《史記》，《史記》便成

了定名。

本紀

——

帝王的傳記

第一篇　秦始皇

　　始皇二十六年（前 221），秦國剛統一了天下，秦始皇就給丞相、御史下令說："從前韓王交出土地、獻上印璽，請求做守衛邊境的臣子，不久又背棄誓約，與趙國、魏國聯合反叛秦國，所以派兵去討伐他們，俘虜了韓國的國王。我認為這很好，因為這樣或許就可以停止戰爭了。趙王派他的相國李牧來訂立盟約，所以歸還了他們抵押在這裏的太子。不久他們就違背了盟約，在太原反抗我們，所以派兵去討伐他們，俘獲了趙國的國王。趙公子嘉竟然自立為代王，所以就派兵去滅了趙國。魏王起初已約定歸服於秦，不久卻與韓國、趙國合謀襲擊秦國，秦國官兵前去討伐，終於打敗了他們。楚王獻出青陽以西的地盤，不久也背棄誓約，襲擊我南郡，所以派兵去討伐，俘獲了楚國的國王，終於平定了楚地。燕王昏亂糊塗，他的太子丹竟然暗中派荊軻來做刺客，秦國官兵前去討伐，滅掉了他的國家。齊王採用后勝的計策，斷絕了與秦國的使臣來往，想要作亂，秦國官兵前去討伐，俘虜了齊國國王，平定了齊地。我憑着微薄的能力，興兵誅討暴亂，靠的是祖宗的神靈，六國國王各個俯首認罪，受到了應有的懲罰，天下安定了。現在如果不更改名號，就無法顯揚我的功業，以傳給後代。請大家商議研究，用甚麼稱號最好。"丞相王綰、御史大夫馮劫、廷尉李斯等都說：「從前五帝的土地縱橫各千里，外面還劃分有侯服、夷服等地區，諸侯有的高興了就朝見，有的不高興了就不朝見，天子都不能完全控制。現在您興正義之師，討伐四方殘賊之人，平定了天下，在全國設置郡縣，法令歸於一統，這是亙古不曾有，五帝也比不上的。我們恭謹地跟有學識的博士們商議之後，認為‘古代有天皇、有地皇、有泰皇，泰皇最尊貴。’我們這些臣子冒死罪獻上尊號，王稱為‘泰皇’。發教令稱為‘制書’，下命令稱為‘詔書’，天子自稱為‘朕’。秦王聽後說：「去掉‘泰’字，保留‘皇’字，採用上古‘帝’的位號，稱為‘皇帝’，其他就按你們商議的辦。」於是下令說：「可以」。追尊莊襄王為太上皇。又下令：「我聽說上古有號而沒有諡，到了中古，在世的時候有尊號，去世之後根據生前品行事蹟確定諡號。這樣做，簡直就是兒子評論父親，臣子評論君主了，非常沒有意義，我不取這種做法。從今以後，廢除諡法。我就叫做始皇帝，後代就從我這兒開始，稱二世、三世直到萬世，永遠相傳，子子孫孫沒有窮盡。」

秦始皇按照水、火、木、金、土五行相生相剋、終始循環的原理進行推求，認為周朝佔有火德的屬性，秦朝要取代周朝，就必須取周朝的火德所抵不過的水德。方今是水德開始之年，為順天意，要更改一年的開始。群臣朝見拜賀都在十月初一這一天。衣服、符節和旗幟的裝飾，都崇尚黑色。因為水德屬陰，而《易》卦中表示陰的符號陰爻叫做“元”，就把數目以十為終極改成以六為終極，所以符節和御史所戴的法冠都規定為六寸，車寬為六尺，六尺為一步，一輛車駕六匹馬。把黃河改名為"德水"，以此來表示水德的開始。秦始皇以為管理天下，必須剛毅嚴厲，一切事情都依法律決定，刻薄而不講仁愛、恩惠、和善、情義，這樣才符合五德中水主陰的命數，於是把法令搞得極為嚴酷，人一旦犯了法很長時間不能得到寬赦。

丞相王綰等進言説："諸侯剛剛被打敗，燕國、齊國、楚國地處偏遠，不給它們設王，就無法鎮撫那裏。請封立各位皇子為王，希望皇上恩准。"始皇把這個建議下交給群臣商議，群臣都認為這樣做有利。廷尉李斯發表意見説："周文王、周武王分封子弟和同姓親屬很多，可是他們的後代逐漸疏遠了，互相攻擊，就像仇人一樣，諸侯之間彼此征戰，周天子也無法阻止。現在天下靠您的神靈之威獲得統一，都劃分成了郡縣，對於皇子功臣，用公家的賦税重重賞賜，這樣就很容易控制了。要讓天下人沒有異心，這才是使天下安寧、長治久安的好方法啊。設置諸侯沒有好處。"始皇説："以前，天下人都苦於連年戰爭無止無休，就是因為有那些諸侯王。現在我依仗祖宗的神靈，剛剛安定天下，如果又重新設立諸侯國，這等於又製造戰爭，用這樣的辦法，想求得天下安寧太平，豈不是天大的難事。廷尉説得對。"

於是把天下分為三十六郡。每郡都設置守、尉、監。稱人民為"黔首"。下令全國聚飲以表示歡慶。收集天下的兵器，聚集到咸陽，熔化之後鑄成大鐘和十二個銅人，銅人每個重達十二萬斤，放置在宮廷裏。統一法令和度量衡標準。統一車輛兩輪間的寬度。書寫使用統一的隸書。領土東到大海和朝鮮，西到臨洮、羌中，南到北向戶，往北據守黃河作為要塞。沿着陰山往東一直到達遼東郡。遷徙天下富豪人家十二萬戶到咸陽居住。祖廟及章台宮、上林苑都在渭水南岸。秦國每滅掉一個諸侯，就按照該國宮室的樣子，在咸陽北面的山坡上進行仿造，南邊瀕臨渭水，從雍門往東直到涇、渭二水交會處，殿屋之間有天橋和環行長廊互相連接起來。從諸侯那裏擄得的美女和鐘鼓樂器之類，都放到那裏面。

始皇二十七年（前 220），秦始皇去巡視隴西、北地，穿過雞頭山，路經回中。於是在渭水南面建造信宮。不久，又把信宮改名叫極廟，以象徵處於天極的北極星。從極廟開通道路直達酈山，又修建了甘泉前殿。修造兩旁築牆的甬道，從咸陽一直連接到驪山。這一年，普遍賜官員升爵位一級。修築供皇帝巡行用的通向全國各地的馳道。

始皇二十八年（前 219），秦始皇到東方去巡視郡縣，登上鄒縣嶧山。在山上立了石碑，又跟魯地儒生們商議，想刻石以頌揚秦國的功德，商議在泰山祭天、在梁父山祭地和遙祭名山大川的事情。於是登上泰山，樹立石碑，築起土壇，舉行祭天盛典。下山時，突然風雨大作，始皇在一棵樹下歇息，因此賜封那棵樹為“五大夫”，接着在梁父山舉行祭地典禮，立石刻碑。

於是就沿着渤海岸往東走，途經黃縣、腄縣，攀上成山的頂峰，又登之罘山，樹立石碑歌頌秦國的功德，然後離去。

又往南走登上了琅邪山，秦始皇十分高興，在那裏停留了三個月。遷來百姓三萬戶到琅邪台下居住，免除他們十二年的賦稅徭役。修築琅邪台，立石刻字，歌頌秦的功德，表明自己因如願以償而感到滿意的心情。

完成刻石頌德的事情之後，齊地人徐市等上書，說大海之中有三座神山，名叫蓬萊、方丈、瀛洲，有仙人居住在那裏。希望能齋戒沐浴，帶領童男童女前往求仙。於是秦始皇就派徐市挑選童男童女幾千人，到海中去尋找仙人。

秦始皇返回京城，路經彭城，齋戒祈禱，想要從泗水中打撈出那隻沉入水中的周代大鼎。派了一千人潛入水底尋找，卻怎麼也沒有找到。於是向西南渡過淮河，前往衡山、南郡。乘船順江而下，來到湘山祠。遇上了大風，風大得差一點不能渡河。始皇問博士說："湘君是甚麼神？"博士回答說："聽說是堯的女兒，舜的妻子，埋葬在這裏。"始皇非常生氣，就派了三千服刑役的罪犯，把湘山上的樹全部砍光，因為當地土壤是紅土，所以整個山都變成了赭紅色。始皇從南郡經由武關回到京城。

二十九年（前218），始皇到東方去巡遊。到達陽武縣博浪沙時，遭人行刺，刺客逃走了，沒有捉到，就命令全國大搜捕，一連搜索了十天。

三十一年（前216）十二月，因為一首民謠說"帝若學仙，臘嘉平"，始皇有求仙之志，所以把臘月改名為"嘉平"。賜給每個里（一百戶）六石米，二隻羊。始皇在咸陽穿便裝出行，帶了四個武士，晚上在蘭池遇見了強盜，情勢危急，武士們殺死了強盜。於是下令在關中大規模搜查了二十天。米價每石一千六百錢。

三十二年（前215），始皇前往碣石，派燕國人盧生訪求方士羨門、高誓。在碣石山門刻石立碑。毀壞了城牆，挖通了堤防。

於是派韓終、侯公、石生去尋找仙人不死之藥。始皇巡視北部邊界，經由上郡返回京城。燕國人盧生被派入海求仙回來了。為了鬼神的事，他奏上了符命占驗的圖錄之書，上面寫着"滅亡秦朝的是胡"。據說這個"胡"字是指胡亥，可是始皇不明其意，就派將軍蒙恬率兵三十萬去攻打北方的胡人，奪取了黃河以南的土地。

三十三年（前214），徵發下列人等去討伐兩廣地區，比如那些犯過逃亡罪的犯人，那些典押給富人做奴隸、主家又給娶了妻子的人，以及那些從事販賣活動的商人，去奪取陸梁地區，設置桂林、象郡、南海等郡，把受貶謫的人派去防守。又在西北驅逐匈奴。從榆中沿黃河往東一直連接到陰山，劃分成四十四個縣。沿河修築城牆，設置要塞。又派蒙恬渡過黃河去奪取高闕、陽山、北假一帶地方，築起堡壘以驅逐戎狄。三十四年（前213），貶謫執法不正的法官去修築長城及戍守南越地區。

秦始皇在咸陽宮擺設酒宴，七十位博士上前獻酒祝壽。僕射周青臣走上前去頌揚説：“從前秦國土地不過千里，仰仗陛下神靈明聖，平定天下，驅逐蠻夷，凡是日月所照耀到的地方，沒有不臣服的。把諸侯國改置為郡縣，人人安居樂業，不必再擔心戰爭，功業可以傳之萬代。陛下的威德，自古及今無人能比。”始皇聽了十分高興。這時候，博士齊人淳于越上前説：“我聽説殷朝、周朝統治天下達一千多年，分封子弟功臣，當作自己輔翼。如今陛下擁有天下，而子弟功臣卻是平民百姓，一旦出現像齊國田常、晉國六卿之類謀殺君主的臣子，沒有輔佐，靠誰來救援呢？凡事不師法古人而能長久的，還沒有聽説過。”始皇把兩人的意見交群臣討論。丞相李斯説：“五帝的制度不是一代重複一代，夏、商、周的制度也不是一代因襲一代，都是按照各自的制度治理的，這並不是他們故意要互相相反，而是由於時代變了，情況不同了，治理的方法也不能不同。現在陛下開創了大業，建立起萬世不朽之功，這本來就不是儒生所能理解的。況且淳于越所説的是夏、商、周三代的事，哪裏值得取法呢？從前諸侯並起紛爭，才大量招攬遊説之士。現在天下平定，法令出自陛下一人，百姓在家就應該致力於農工生產，讀書人就應該學習法令刑禁。現在儒生們不學習今天的卻要效法古代的，以此來誹謗當世，惑亂民心。古代天下支離破碎，沒有人能夠統一，所以諸侯並起，説話都是稱引古人為害當今，矯飾虛言撓亂名實，人們只欣賞自己私下所學的知識，指責朝廷所建立的制度。當今皇帝已統一天下，分辨是非黑白，一切決定於至尊皇帝一人。可是有些人私下講學卻一起非議法令，如此教化人們，一聽說有命令下達，就根據自己所學加以議論，入朝就在心裏指責，出朝就去街巷談議，在君主面前誇耀自己以求取名利，標新立異以抬高自己，帶頭民眾製造謗言。這樣的事情，如果不加禁止，那麼，上面君主的威勢就會下降，下面朋黨的勢力就會形成。臣以為必須加以禁止才合適。我請求讓史官把不是秦國的典籍全部焚毀。除博士官署所掌管的之外，天下敢有收藏《詩》、《書》、諸子百家著作的，全都送到地方官那裏去一起燒掉。有敢聚在一起談議《詩》、《書》者，就要處以死刑，借古非今者，就要滿門抄斬。官吏如果知情報，以同罪論處。命令下達三十天仍不燒書者，處以臉上刺字的黥刑，處以城旦之刑四年，發配邊疆，白天防寇，夜晚築城。不取締的書，是醫藥、占卜、種植之類的著作。如果有人想要學習法令，就以官吏為師。"秦始皇贊同，下詔說："可。"

三十五年（前212），開始修建道路，經由九原一直修到雲陽，挖掉山峰填平河谷，筆直貫通。這時始皇覺得咸陽人口多，先王宮廷狹小，聽說周文王建都在豐，武王建都在鎬，豐、鎬兩城之間，才是帝王的都城所在。於是就在渭水南岸的上林苑內修建朝宮。先在阿房建前殿，東西長五百步，南北寬五十丈，宮中可以容納一萬人，下面可以樹立五丈高的大旗。四周架有天橋可供車馬奔馳行走，從宮殿之下一直通到南山。在南山的頂峰修建門闕作為標誌。又修造天橋，從阿房跨過渭水，與咸陽連接起來，象徵天上的北極星、閣道星跨過銀河抵達營室星。阿房宮沒有建成；原來是計劃等竣工之後，再選擇一個好名字給它命名。因為是在阿房修築此宮，所以人們就稱它為阿房宮。受過宮刑、徒刑的七十多萬人，分別被派去修建阿房宮，去營建驪山。從北山開採來山石，從蜀地、荊地運來木料。關中總共建造宮殿三百座，關外建四百座。在東海邊的朐山上豎立巨石，作為秦朝國境的東門。為此遷徙三萬家到驪邑，五萬家到雲陽，都免除十年的賦稅和徭役。

盧生勸始皇道："我們到處尋找靈芝、奇藥和仙人，一直找不到，好像是有甚麼東西妨害了它們，不讓我們找到。我們想到一個好辦法，就是皇帝要經常秘密出行，才能驅逐惡鬼，惡鬼避開了，神仙真人才會來到。皇上住的地方如果讓臣子們知道了，就會妨害神仙。所謂"真人"，是入水不會沾濕，入火不會燒傷的，能夠乘駕雲氣遨遊，壽命和天地共久長。現在皇上治理天下，日理萬機，沒法做到清靜恬淡。希望皇上所住的宮室不要讓別人知道，這樣，不死之藥或許能夠得到。"於是始皇說："我羨慕神仙真人，我自己就叫'真人'，不再稱'朕'了。"於是令咸陽四周二百里內的宮、觀，二百七十條甬道都用天橋相互連接起來；把帷帳、鐘鼓和美人都安置在裏邊，全部按照登記的位置不得隨意移動。皇帝所到的地方，如果有人說出去，就判處死罪。有一次皇帝幸臨梁山宮，從山上望見丞相的隨從車馬眾多，心裏很不以為然。

宦官近臣有人把這件事告訴了丞相，丞相以後再出門，就減少了隨從車馬數目，不在張揚。始皇生氣地說："這一定是宮中有人洩露了我說的話。"幾經審問，沒有人敢認罪，就下詔把當時跟隨在旁的人都抓起來，全部殺掉。從此以後再沒有人知道皇帝的行蹤。處理事務，群臣接受命令，全在咸陽宮進行。

侯生、盧生一起商量說："始皇為人，天性粗暴兇狠，自以為是，他出身諸侯，兼併天下，諸事稱心，為所欲為，以為從古到今沒有人比得上他。他喜歡任用刑獄之吏，刑獄之吏最受信任。雖然有七十幾博士在身邊，只不過是擺設而已。丞相和大臣也都是奉命行事，不敢有甚麼主張。始皇以重刑殺戮為能事，滿朝文武只想保住俸祿，所以沒有人敢真正竭誠盡忠。皇上聽不到自己的過錯，因而一天更比一天驕橫。臣子們擔心害怕，專事欺騙，屈從討好。秦法規定，一個方士不能兼有兩種方術，如果方術不能應驗，就要處死。然而占候星象雲氣以測吉凶的人多達三百，都是有經驗的行家，然而由於害怕獲罪，就只有奉承，不敢說出皇帝的過錯。天下事都由皇上決定，皇上甚至用秤來稱量群臣每天書寫公文的竹簡木簡的重量，日夜都要呈奏，如達不到規定的數量，就不能休息。他貪戀權勢到如此地步，我們不能為他去找仙藥。"於是就逃跑了。始皇聽說兩人逃跑了，雷霆震怒："我先前收繳了天下所有不適用的書，把它們全部焚毀。徵召了大批文章博學之士和有各種技藝的方術之士，想用他們振興太平。這些方士想要煉造仙丹尋找奇藥。

現在聽說韓眾一去不復返。徐市等人出海花費金錢數以萬計，始終也沒找到奇藥，每天只有他們非法謀利互相告發的消息傳到我耳朵裏。我對盧生等人非常尊重，賞賜也十分優厚，如今他們竟然誹謗我，企圖以此加重我的無德。這些人在咸陽的，我派人去查問過，有的人竟妖言惑眾，擾亂民心。"於是派御史去一一審查，這些受刑逼就互相告發，一個供出一個，也有自己招認的，一共四百六十多人，全部活埋在咸陽。讓天下的人知道，以懲戒以後的人。又徵發更多的流放人員去戍守邊疆。始皇的大兒子扶蘇進諫說："天下剛剛平定，遠方百姓還沒有歸附，儒生們誦讀詩書，效法孔子，現在皇上一律用重法制裁他們，我擔心天下將會不安定，希望皇上明察。"始皇聽了很生氣，就派扶蘇到北方上郡去當蒙恬軍隊的監軍。

三十六年（前211），有顆隕星墜落在東郡，落地後變為石塊，老百姓有人在那塊石頭上刻了"始皇帝死而土地分。"始皇聽說了，就派御史前去挨家查問，沒有人認罪，於是把居住在那塊石頭周圍的人全部抓來都殺了，焚毀了那塊隕石。等到始皇巡行天下時，使者從關東走夜路經過華陰平舒道，有人手持玉璧攔住使者說："替我送給滈池君。"趁便說："今年祖龍死。"使者剛要細問他緣由，那人放下那真玉璧，忽然就不見了。使者捧回玉璧向秦王報告。始皇沉默了好一陣子，說："山裏的鬼怪只不過能預知一年以內的事情而已。"當時已是秋季，始皇說今年的日子已不多，這話未必能應驗。到退朝時他又說："祖龍，是人的祖先。"

故意把"祖"解釋成祖先,祖先是已死去的人,因此"祖龍死"自然與他無關。始皇讓御府察看那塊玉璧,竟然是始皇二十八年出外巡視,渡江時沉入水中的那塊玉璧。於是始皇為此事進行占卜,占卜的結果是遷徙才吉利。遷移三萬戶人家到北河、榆中地區,每戶授給爵位一級。

三十七年(前 210)十月癸丑日,始皇外出巡遊。左丞相李斯跟隨着,右丞相馮去疾留守京城。少子胡亥想去巡遊,要求跟隨,皇上答應了他。十一月,走到雲夢,在九疑山遙祭虞舜。然後乘船沿長江而下,觀覽籍柯,渡過海渚,經過丹陽,到達錢塘。到浙江邊上的時候,波濤洶湧激盪,就向西走了一百二十里,從江面狹窄的地方渡過。登上會稽山,祭祀大禹,遙望南海。在那裏刻石立碑,頌揚秦朝的功德。

始皇祭祀後返回,途經吳地,從江乘縣渡江。沿海岸北上,到達琅邪。方士徐士等出東海尋找仙藥,花費巨大,幾年都一無所獲,畏懼受到責罰,就詐稱:"到蓬萊仙島可以找到仙藥,但受大魚鮫襲擾,所以,一直上不了島,請求派遣神射手一同去,見到大魚鮫就射殺。"始皇夢見與海神交戰,海神的形狀好像人。請占夢的博士釋夢,博士說:"水神本來是看不到的,它用大魚蛟龍做偵探。現在皇上祭祀周到恭敬,卻出現這種惡神,應當除掉它,然後真正的善神就可以找到了。"於是令人出海,攜帶捕大魚的工具,又親自帶着有機關的弓弩去等候大魚出來以便射它。從琅邪向北直到榮成山,都不曾遇見大魚。到達之罘的時候,

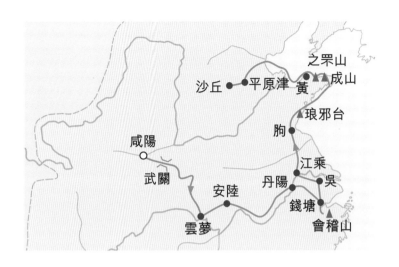

遇見了大魚，射死了一條。接着又沿海向西進發。

秦始皇到達平原津時生了病。始皇不喜歡聽"死"這個字，群臣沒有敢說死的事情。皇帝病得越發厲害，就寫了一封信，蓋上御印，給公子扶蘇："回咸陽來參加喪事，在咸陽安葬。"信封好了，存放在中東府令趙高兼掌印璽事務處，沒有交給使者。七月丙寅日，始皇在沙丘平台逝世。去世時五十一歲，兒子胡亥登位，就是二世皇帝。

丞相李斯認為皇帝在外地逝世，恐怕皇子們和各地乘機製造變故，就對此事嚴守秘密，不發佈喪事消息。棺材放置在既密閉又能通風的輬涼車中，讓過去受始皇寵倖的宦官做陪乘，每走到適當的地方，就獻上飯食，百官像平常一樣向皇上奏事。宦官就在輬涼車中降詔批簽。只有胡亥、趙高和五六個受寵倖的宦官知道皇上死了。趙高過去曾教過胡亥學習寫字和獄律法令等事，胡亥私下裏很喜歡他。趙高與公子胡亥、丞相李斯秘密商量拆開始皇給公子扶蘇的那封，謊稱李斯在沙丘接受了始皇遺詔，立皇子胡亥為太子。又寫了一封信給公子扶蘇、蒙恬，列舉他們的罪狀，賜命他們自盡。大隊人馬繼續往前走，從井陘到達九原。正是暑天，皇上的屍體在輼涼車中發出了臭味，就下令隨從官員往車裏裝一百多斤有腥臭氣的醃魚，讓人們分不清屍臭和魚臭。

一路行進，從直道回到咸陽，發佈治喪的公告。皇太子胡亥繼承皇位，就是二世皇帝。九月，把始皇安葬在酈山。始皇當初剛剛登位，就挖通了酈山，到統一天下後，從全國各地遣送來七十多萬徒役，鑿地三重泉水那麼深，灌注銅水，填塞縫隙，把外棺放進去，又修造宮觀，設置百官位次，把珍奇器物、珍寶怪石等搬了進去，放得滿滿的。命令工匠製造由機關操縱的弓箭，一走近就能射死盜墓者。用水銀做成百川江河大海，用機器撥動，使之流動。頂壁裝飾天文圖像，下面置有地理圖形。用娃娃魚的油脂做成火炬，估計很久不會熄滅。

二世説：“先帝後宮妃嬪沒有子女的，放她們出去不合適。”就命令這些人全部殉葬。下葬完畢，有人説工匠製造了機械，墓中所藏寶物他們都知道，寶物多而貴重，這就難免會洩露出去。隆重的喪禮完畢，寶物都已藏好，就封閉了墓道的中間一道門，又把墓地最外面的一道門放下來，工匠們全部被封閉在裏邊，沒有一個能出來。墓上栽種草木，從外邊看上去好像一座山。

第二篇　楚霸王項羽

　　項籍，字羽，人們習慣稱他為項羽。下相人，起兵那年他二十四歲。叔父叫項梁，項梁的父親就是被秦將王翦所殺的楚將項燕。項家世代為楚將，因封於項地，所以姓項。

　　項羽小時候，學認字，不成，學擊劍，又不成。項梁很生氣。項羽說：“認字只能記個姓名，擊劍只能抵敵一個人，都不值得學，要學那些能夠抵敵上萬人的東西。”於是項梁就教他兵法，項羽很高興，但又不肯全部學完。

　　項梁殺了人，和項羽一起到吳中躲避仇家。吳中有聲望的士大夫才能都比不上項梁，每當地方上有大的徭役或喪葬事宜，常常由項梁主持辦理。項梁藉此機會，暗中以兵法部署調度那些賓客和子弟，以此了解他們的才能。

　　秦始皇巡遊會稽，渡浙江，項梁和項羽一道觀看。項羽說：“彼可取而代之。”項梁摀住他的嘴說：“別亂說，要滅族的！”從此項梁很賞識項羽。項羽身高八尺有餘，力能舉鼎，才氣過人，吳中子弟都很敬畏他。

　　秦二世元年七月，陳勝等在大澤鄉起義。這年九月，會稽郡郡守殷通對項梁說：“江西一帶都反了，天滅秦的時候到了。我聽說先發能制人，後發則為人所制。我想發兵，請你和桓楚來率領。"當時桓楚逃亡在外。項梁説："桓楚逃亡在外，旁人都不知道他的下落，獨有項羽知道。"項梁出去，吩咐項羽持劍在外面等待。項梁回來，與郡守同坐，説："請讓我叫項羽進來，讓他接受命令去找桓楚。"郡守説："好。"項梁叫項羽進來。項梁給項羽使了個眼色，説："可以動手了！"項羽拔出劍來，砍下了郡守的頭。項梁提着郡守的頭，佩帶着郡守的印。郡守手下大驚，一片混亂，被項羽殺了近百人。於是合府的人都恐懼屈服，不敢亂動。項梁召集原來認識的有膽略的官吏，説明起兵反秦這件大事，徵集吳中的兵馬起事。派人收服會稽郡所屬各縣，得到精兵八千人。項梁安排吳中的豪傑分別擔任校尉、軍候和軍司馬。這樣，項梁就做了會稽郡的郡守，項羽做了裨將，鎮撫所屬各縣。

當時，廣陵人召平為陳王攻打廣陵，沒有拿下來，聽説陳王敗走，秦兵又快到了，就渡江假傳陳王命令，拜項梁為上柱國。召平説："江東已平定，趕快領兵攻擊秦軍。"項梁就率領八千人渡江西進。

項梁聽説陳嬰在東陽起兵成功，就派遣使者打算和他聯合起來，一道西進。陳嬰原是東陽縣的令史，在縣裏一向誠實謹慎，是公認的忠厚長者。東陽縣的青年人殺死縣令，聚集了數千人，要推舉一個首領，沒有合適的，就請陳嬰。陳嬰推辭説不能勝任，大家就強迫他幹，縣中隨從約有兩萬人。青年們打算立陳嬰為王，陳嬰的母親對陳嬰説："自從我嫁到你家，未曾聽説你們祖上出過貴人。現在突然得到那麼大的名號，不吉祥。不如歸屬別人，事成可以封侯，事敗容易逃脱，因為不是引人注目的人物。"為此陳嬰不敢為王。對他的軍史説："項家世代為將，在楚國很有聲望，如今要舉大事，將帥不得其人不行。我們依附名門貴族，一定能夠滅亡秦朝。"於是大家聽從他的意見，歸屬項梁。項梁渡過淮河，黥布、蒲將軍也率兵來歸附。項梁的軍隊約六七萬人，駐紮在下邳。

這時，秦嘉已經立景駒為楚王，駐軍彭城東面，打算抗拒項梁。項梁對軍史説："陳王首先起事，作戰不利，不知身在何方。現在秦嘉背叛陳王而立景駒，大逆不道。"就進兵攻擊秦嘉，秦嘉敗走，項梁追擊到胡陵。秦嘉回軍交戰打了一天，秦嘉戰死，全軍投降。景駒逃走，死於梁地。項梁合併了秦嘉的軍隊，駐紮在胡陵，準備率軍向西。項梁領兵進入薛縣，召集各路將領到薛縣聚會，商討大事。這時沛公已在沛縣起兵，也趕來參加。

居鄛縣人范增，七十歲了，一向家居，好出奇計。他對項梁説："陳勝失敗原是應當的。秦滅六國，楚國最冤枉。自從懷王到秦國，一去不復返，直到今天楚國人還想念他。所以楚南公説'楚雖三戶，亡秦必楚'。如今陳勝不立楚國後裔而自立為王，他的氣勢當然不能久長。現在你起兵江東，楚國將領紛紛歸服你，是因為你們項家世為楚將，能夠再立楚國的後裔。"項梁覺得有道理，就從民間找到了原楚懷王的孫子熊心，他那時正給人家牧羊，仍立為楚懷王，以順從民眾的願望。任命陳嬰為上柱國，封給他五個縣，讓他跟隨懷王，建都盱眙。項梁自稱為武信君。

過了幾個月，項梁率兵進攻亢父縣。又會同司馬龍且去救援被圍困在東阿的齊將田榮，大破秦軍。項梁打垮東阿一帶秦軍，乘勝追擊。幾次派人催促齊國出兵，打算聯兵西進。田榮說：“楚國殺了田假，趙國殺了田角、田間，我才出兵。”項梁說：“田假是友鄰國家的國王，走投無路的時候來依附我，我不忍心殺他。”趙國也不肯殺害田角、田間來討好齊國。於是齊國不肯發兵協助楚國。項梁派沛公和項羽各領一軍攻打城陽，屠了城陽城。再向西進，在濮陽東面攻破秦軍，秦軍收兵退入濮陽城。沛公、項羽又去攻打定陶，沒有打下來。繼續向西攻城略地，到了雍丘，打垮秦軍，斬了三川郡守李由。

項梁從東阿向西，一直打到定陶，一再擊敗秦軍，項羽等又斬了李由，於是越來越輕視秦軍，露出驕傲的神色。宋義規勸項梁說：“打了勝仗的軍隊，將領驕傲、士卒鬆懈就會失敗。如今我們的士卒有點鬆懈了，而秦軍卻一天天增多，我很替你擔心。”項梁不以為然。就派宋義到齊國去。路上遇見齊國的使者高陵君顯，宋義問他：“你要去會見武信君嗎？”高陵君說：“是的。”宋義：“我預料武信君定要打敗仗。你慢慢走可以免死，走快了就要遭殃。”秦果然集中所有兵力增援章邯，在定陶擊敗楚軍，項梁戰死。

沛公、項羽攻擊陳留，陳留堅守城池。沛公、項羽商量說：“眼下項梁軍隊剛擊潰，士卒有些怯戰。”

於是就和呂臣的軍隊一起向東撤退。呂臣駐紮在彭城東面，項羽駐紮在彭城西面，沛公駐紮在碭山。楚國的軍隊在定陶打了敗仗，懷王恐懼，從盱眙遷往彭城，把項羽和呂臣的軍隊合併起來自己統率。任呂臣為司徒，呂臣的父親呂青為令尹。任沛公為碭郡長，封為武安侯，統率碭郡的軍隊。

之前宋義遇見的齊國使者高陵君，還留在楚軍。他去見楚王，説："宋義預料武信君必敗，過了幾天，果然失敗。軍隊沒有交鋒，就能預見失敗的徵兆，真可以説是懂得軍事了。"楚王找宋義來商量軍事，用宋義為上將軍，項羽為魯公，做次將，范增為末將，前去救援趙國。各路將領都歸宋義節制，宋義號稱卿子冠軍。

大軍行至安陽，停留四十六日不前進。項羽説："我聽説秦軍把趙王圍困在鉅鹿，我們得趕緊渡河，楚軍攻外，趙軍作內應，就一定能打敗秦軍。"宋義説："不然。咬牛的牛虻，不傷害蟣蝨。現在秦軍攻趙，打勝了，軍隊疲憊，我們就乘秦軍疲憊進攻；打不勝，我們就大張旗鼓地向西進軍，必能打垮秦軍。所以不如讓秦、趙先打。若論衝鋒陷陣，我不如你；運籌策劃，你就不如我。"為此，向軍中下令説："猛如虎，狠如羊，貪如狼，倔強不聽指揮的，一律斬首。"於是派遣他的兒子宋襄去輔助齊王，親自送到無鹽，在那裏大擺筵席，招待賓客。這時，天寒大雨，士卒又凍又餓。項羽説："本應大家合力攻秦，卻長時間停留不前。現在年荒歲饑民貧，軍無存糧，士兵只能吃菜、豆，他還大擺筵席，招待賓客，不領兵渡河，就地取用趙國的糧食，卻說甚麼‘乘秦軍疲憊的機會進攻’。以強秦攻擊新建的趙國，必然打敗趙國。趙國戰敗，秦軍就會更加強大，哪裏還有疲憊的機會可乘呢！而且楚國剛被打敗，懷王坐不安席，集中全國兵力交給將軍，國家安危，在此一舉。如今不體恤士兵，而徇情營私，不是國家的棟樑之臣。”早晨，項羽去朝見上將軍宋義，就在帳中砍下宋義的頭，出來號令軍中說：“宋義與齊國合謀反楚，楚王密令我誅殺他。”當時，將領們恐懼屈服，不敢反抗。都說：“首先擁立楚王的是將軍，今天又是將軍平息了叛亂。”於是大家互相商量，推立項羽為假上將軍。派人追趕宋義的兒子，追到齊國，把他殺了。懷王就讓項羽當上將軍，當陽君黥布和蒲將軍都歸項羽節制。

項羽殺了卿子冠軍，威震楚國，名聞諸侯。立即派遣黥布和蒲將軍帶領兩萬人馬，渡河救援鉅鹿。沒有勝利，陳餘再次請求救兵。項羽就率領全軍渡河，鑿沉渡船，砸毀鍋灶，燒掉營舍，攜帶三天口糧，以向士卒表示有去無回的決心。軍隊一到，就圍困了王離，與秦軍接戰多次，截斷了秦軍輸送糧食的甬道，把秦軍打得大敗，殺死蘇角，俘虜了王離。涉閒不肯投降，自焚而死。這時候，楚軍雄冠諸侯。

當時，救援鉅鹿的諸侯軍有十餘個營壘，都不敢出戰。楚軍向秦軍發起攻擊的時候，各諸侯將領都在自己的營壘作壁上觀。楚軍戰士以一當十，呼聲動天，諸侯軍人人膽戰心驚，打垮了秦軍，項羽召見各諸侯將領時，將領們進入轅門，都是膝行而走，不敢仰視。從此，項羽成為諸侯軍的上將軍，各路諸侯軍都隸屬於他。

　　章邯駐軍棘原，項羽駐軍漳河南岸，兩軍相持未戰。秦軍一再退卻，秦二世派人責問章邯。章邯恐懼，派長史司馬欣回京請示。他到了咸陽，被留截在司馬門外三天，趙高不見，流露出不信任。司馬欣害怕，趕快逃回軍中，沒有敢走原路。趙高果然派人追趕，沒有追上。司馬欣回來，向章邯報告說：“趙高獨攬朝政，官吏無所作為。如果打了勝仗，趙高必然嫉恨我們的功勞；打了敗仗，免不了一死。請將軍仔細考慮。”陳餘也寫信給章邯，說：“白起為秦國大將，南面攻破楚都鄢郢，北面坑殺趙將趙括，攻城略地，不可勝計，結果竟然賜死。蒙恬為秦朝大將，北面驅逐匈奴，開闢榆中數千里的地方，結果竟然被斬於陽周。為甚麼呢？功勞太多，秦不能按功封賞，所以找藉口設法殺害。現在將軍做秦朝大將三年了，所損失的軍隊以十萬計，而同時並起的諸侯越來越多。趙高一向阿諛蒙蔽二世，目前形勢危急，也怕二世殺他，所以要找藉口殺掉將軍，以推卸罪責，同時派人代替將軍，以擺脫自己的禍患。將軍長期領兵在外，與朝廷隔閡很深，有功亦誅，無功亦誅。況天要亡秦，無論愚者智者都已知道。將軍何不倒戈與諸侯聯合，共同攻秦，分割秦地，南面稱王。這和自己受刑戮，妻子兒女被殺比較，哪個好些呢？”章邯猶豫不決，暗中派軍候始成去見項羽，打算簽訂和約，沒有成功。項羽派遣蒲將軍連夜領兵渡過三戶津，駐紮漳河北岸，再次打敗秦軍。項羽率領全軍在汙水攻擊秦軍，把秦軍打得大敗。

章邯又派人去見項羽，要簽訂和約。項羽召集軍吏們商量，說：“我們糧食少，打算和他簽訂和約。”軍吏們都說：“好。”項羽就與章邯約定在洹水南面的殷墟會見。締結同盟之後，章邯痛哭流涕地向項羽控訴趙高。項羽立章邯為雍王，留在楚軍軍營中。任長史司馬欣為上將軍，帶領秦軍為先行軍。

到了新安，諸侯軍的有些官兵，傜役路過關中時，關中的官兵對他們刻薄無禮。秦軍投降，諸侯軍的官兵以勝利者的身份，把他們當做奴隸、俘虜對待。秦軍許多官兵私下說：“章將軍欺騙我們投降諸侯，如果能夠入關破秦最好；如果不能，諸侯軍把我們當作俘虜帶到東方去，秦就一定把我們的父母妻子殺光。”諸侯軍的將領探聽到這些言論，報告項羽。項羽就把黥布、蒲將軍找來，和他們商量說：“秦軍官兵很多，他們內心不服，如果到了關中不聽指揮，事情就危險了，不如把他們殺掉，只和章邯、司馬欣、都尉董翳一起入秦。”於是，楚軍在夜間把秦軍二十餘萬人擊殺掩埋在新安城南。

項羽領兵向西攻城略地。函谷關有兵把守，進不去。又聽說沛公已攻破咸陽，項羽大怒，派當陽君黥布等攻打函谷關。項羽入關，到了戲水西岸。沛公駐軍霸上，沒有和項羽見面。沛公的左司馬曹無傷派人告訴項羽：“沛公想稱王關中，用子嬰為相，佔有全部珍寶。"項羽更加憤怒,說:"明天早晨犒勞士兵,好擊破沛公的軍隊。"這時,項羽兵有四十萬,駐紮新豐的鴻門,沛公兵有十萬,駐紮霸上。范增對項羽說:"沛公在山東的時候,貪圖財貨,喜愛美人。入關後,不收取財物,不親近婦女,看來志氣不小。我叫人觀望他那邊的雲氣,五彩繽紛,像龍虎的形狀,這是天子的氣象。要趕快進擊,勿失時機。"

楚國的左尹項伯,是項羽的叔父,一向和留侯張良要好。這時張良跟隨沛公,項伯連夜騎馬到沛公軍營,私下會見張良,把事情原原本本告訴張良,想讓張良跟他一道離開,說:"不要白白和沛公一塊死。"張良說:"我為了韓王陪伴沛公,今天沛公危急,逃走不義,不能不對他說明。"張良就進去把情況統統告訴了沛公。沛公大吃一驚,說:"怎麼辦呢?"張良說:"是誰給大王出的這個主意?"沛公說:"鯫生對我說'把守函谷關,不讓諸侯軍進來,就可以據關中為王了'。我聽信了他的話。"張良說:"大王的軍隊能夠抵擋項王嗎?"沛公沉默了好久,說:"當然抵擋不住。又該怎麼辦呢?"張良說:"請讓我去告訴項伯,說沛公不敢背叛項王。"沛公說:"你和他誰的年紀大?"張良說:"他比我大。"沛公說:"你替我把他請進來,我要像對兄長那樣對待他。"張良去邀請項伯,項伯入見沛公。沛公向項伯敬酒,約為兒女親家。沛公說:"我入關以來,秋毫不敢沾染,登記吏民,封閉府庫,等待將軍,所以派兵守關,是為了防備其他強盜出入。日夜盼望將軍到來,哪裏敢反呢?請老兄替我在項王面前說明，我是不敢忘恩負義的。"項伯應允，對沛公說："明晨不可不早些親自來向項王謝罪。"沛公說："好。"於是項伯連夜回到軍中，把沛公的話報告項王，並說："沛公不先打進關中，你能輕易入關嗎？人家有了大功，反而擊殺人家，是不道義的，不如好好地對待人家。"項王答應。

第二天早晨，沛公帶領百餘騎到鴻門來見項王，向項王謝罪說："我跟將軍併力攻秦，將軍在河北作戰，我在河南作戰，想不到我能先打到關中，在這裏見到將軍，現在有小人從中挑撥，使將軍和我有了隔閡。"項王說："這是你沛公的左司馬曹無傷說的，不然我何至於誤會到這個地步。"項王當天留沛公飲酒。項王、項伯向東坐，亞父向南坐。亞父就是范增。沛公向北坐，張良向西陪坐。范增數次給項王使眼色，並再三舉起自己佩帶的玉玦向項王示意，項王默然不應。范增起身出去找來項莊，對他說："君王為人心腸不狠，你進去祝酒，祝酒完畢，請求舞劍，趁機在坐席上擊殺沛公。不這樣做，你們這些人將來都要作他的俘虜。"項莊進去祝酒，然後說："君王與沛公飲酒，軍中沒有甚麼可以助興的，請讓我舞劍。"項王說："好。"項莊拔劍起舞，項伯也拔劍起舞，經常用自己的身體掩護沛公，使項莊得不到刺殺的機會。

這時，張良來到軍門找樊噲。樊噲問："現在情況怎麼樣？"張良說："危急得很。此刻項莊正在舞劍，用意是要刺殺沛公。"樊噲說："這樣緊迫！讓我進去，和他們拚命。"樊噲立即帶劍持盾來到軍門。守門的衛士兩戟相交，打算阻擋，樊噲側盾撞擊，衛士撲倒，他就闖了進去。揭開帷帳，向西而立，怒目看着項王，頭髮直豎，眼眶欲裂。項王按劍起身，問："這位是幹甚麼的？"張良說："這是沛公的參將樊噲。"項王說："壯士！賜他一杯酒。"左右給他斟了一大杯。樊噲拜謝，站起來一飲而盡。項王說："賜給他豬腿。"左右給了他一隻生豬腿。樊噲把盾翻過來擱在地上，把豬腿放在上面，拔出劍來切着吃。項王問："壯士，還能再喝嗎？"樊噲說："我死都不怕，一杯酒算得甚麼！秦王心如虎狼，殺人唯恐不多，用刑唯恐不重，天下人都反叛他。楚懷王和諸將約定，'先攻破秦軍進入咸陽的為關中王'。如今沛公先攻破秦軍進入咸陽，秋毫不敢沾染，封閉宮室，還軍霸上，等待大王到來。至於派兵守關，那是防備其他強盜出入和發生意外的事情。這樣勞苦功高，沒有得到封侯的獎賞，反而聽信小人之言，想要殺害有功之人。這簡直是已經滅亡的秦朝所為，我認為大王這樣做是不可取的。"項王無話可答，說："坐。"樊噲就坐在張良旁邊。過了一會，沛公起來上廁所，招呼樊噲一道出去。

　　沛公出去後，項王讓都尉陳平去請沛公。沛公說："我們出來沒有跟項王辭行，怎麼辦呢？"樊噲說："做大事不用顧及小的細節，行大禮不必考慮小的禮貌。眼下人家是刀俎，我們是魚肉，還告甚麼辭。"於是決定不辭而去，讓張良留下道謝。張良問："大王來時帶了甚麼禮物？"沛公説："我拿來白璧一雙，打算獻給項王；玉斗一雙，打算送給亞父。遇到他們生氣，沒敢進獻，請你替我獻吧。"張良説："遵命。"當時，項王軍駐紮鴻門，沛公軍駐紮霸上，相距四十里。沛公留下車騎，單身獨騎往回走，樊噲、夏侯嬰、靳強、紀信等四人手持刀劍盾牌跟着步行，從驪山經芷陽揀小路走。沛公對張良説："從這條路到我們軍營，不過二十里。估計我們到了，你再進去道謝。"沛公走後，張良估計他們已到軍中，就進去道謝，説："沛公酒量有限，喝一點就醉了，不能親自辭行。特地叫我奉上白璧一雙，拜獻給大王；玉斗一雙，拜送給大將軍。"項王問："沛公在哪裏？"張良説："知道大王有意責備他，獨自脱身而去，現在已經回到軍營了。"項王接過白璧，放在席上。亞父接過玉斗，放在地上，拔出劍來將它擊破，説："唉！豎子不足與謀。奪項王天下者，必沛公也，我們這些人就要被他俘虜了。"沛公到了軍營，立即殺了曹無傷。

過了幾天，項羽領兵進入咸陽，大肆屠殺，殺死已降的秦王子嬰，焚燒秦朝宮室阿房宮，大火三個月不滅。又搜掠了秦的金銀珠寶、婦女美人，領兵東回。有人向項王建議説："關中山河險要，四周有關可守，土地肥沃富饒，適宜於建立國都，完成霸業。"項王看到秦的宮室被燒得殘破不堪，又懷念家鄉，一心東歸，説："富貴了不回故鄉，好像穿着錦繡衣服夜間行走，有誰知道！"

項王派人向懷王請示。懷王説："按照原來的約

定辦。"於是項王尊懷王為義帝。項王打算自己稱王，就先封各將相為王，對他們說："當初起兵時，為了討伐秦國，暫立諸侯後裔為王。然而三年來，風餐露宿，衝鋒陷陣，滅秦定天下的，都是各位將相和我項羽的功勞。義帝無功，應當分割他的土地，封大家為王。"諸將都說："好。"項王就分割天下，立諸將為侯、為王。

項王、范增擔心沛公佔有天下，但既已和解，怕落個背約的名聲，遭到諸侯反叛。兩人就暗中商量："巴、蜀地區道路險要，秦朝遷徙的人都居住蜀地。"於是揚言說："巴、蜀也屬於關中地區。"這樣就立沛公為漢王，統轄巴、蜀、漢中一帶，建都南鄭。把關中一分為三，封秦朝降將為王，以圍堵漢王。項王自立為西楚霸王，統轄九個郡，建都彭城。

漢元年四月，各路諸侯率領軍隊，回到自己的封國。項王也出關回彭城。同時派人遷徙義帝，把義帝從彭城遷徙到長沙郡郴縣，並催促義帝儘早走。這時義帝臣下陸續背叛了他。項王暗地命令衡山王、臨江王把義帝擊殺在江中。

田榮聽說項羽徙封齊王田市為膠東王，而立齊將田都為齊王，大為憤怒，不讓齊王到膠東去，就在齊地反叛項羽，迎擊田都。田都逃到楚國。齊王田市因畏懼項王，偷偷跑到膠東就國。田榮惱怒，派人追到即墨，將他殺死。田榮自立為齊王，又向西擊殺了濟北王田安，兼併了三齊。田榮授予彭越將軍印，讓他在梁地起兵反楚。

這時候，漢王已回軍平定了三秦。項羽聽到漢王已兼併關中，正在向東推進，齊、趙又反叛，大為震怒。就封以前做過吳令的鄭昌為韓王，以抗拒漢王。漢王派張良招撫韓國。張良給項王寫信說：「漢王未能統轄關中，有失職守。因此只要得到關中，實現懷王原來的約定，就停止行動，不再向東發展。」同時又以齊、梁叛楚這件事對項王說：「齊國要和趙國聯合起來，併力消滅楚國。」項王因此無意向西，而向北攻擊齊國。為此項王向九江王黥布調兵，黥布稱病不往，只派個將領帶幾千人前去，從此項王怨恨黥布。

漢二年冬天，項羽北上到了城陽，田榮也領兵到此與項羽會戰。田榮戰敗，逃到平原，被平原的民眾殺死。項羽一路向北，燒毀夷平齊國的城邑房屋，坑殺已經投降的士卒，掠奪齊國的老弱婦女，一直打到北海一帶，到處燒殺擄掠。齊國人紛紛聯合起來反叛項羽，田榮的弟弟田橫，收集齊國逃散的士兵幾萬人，在城陽反抗楚軍。項王留下來，連戰數次也沒有攻下城陽。

到了春天，漢王統率五路諸侯大軍，共五十六萬人，東進伐楚。項王得到消息，即令部將繼續攻齊，自己帶領三萬精兵向南，從魯城繞道出胡陵。四月，漢軍進入彭城，搜掠財寶和美女，天天大擺筵席，飲酒作樂。項王領兵由西向東，早晨從蕭縣進攻漢軍，中午到達彭城，大破漢軍。漢軍潰退，退到穀水、泗水，被楚軍殺死十餘萬人。漢軍向南往山裏退卻，楚軍追擊到靈壁東面的睢水，殺漢軍十餘萬人，睢水為之不流。楚軍把漢王重重包圍起來。這時忽然西北風大作，向着楚軍迎頭颳來，樹倒屋塌，飛沙走石，天昏地暗，楚軍大亂，漢王才得以帶領數十騎逃走。漢王想經過沛縣，接家眷一道西去；項王也派人追到沛縣，掠取漢王家眷。但家眷已經逃散，未能和漢王見面。漢王在路上遇到兒子孝惠、女兒魯元，就讓他們上車一道走。楚國的騎兵追趕漢王，漢王着急，幾次把孝惠、魯元推下車去，滕公夏侯嬰每次都下車把他們接上來。滕公説：“雖然危急，難道不可以把車子趕得快一些嗎？為甚麼拋棄他們！”

漢王脱了險，尋找太公、呂后，沒有找到。審食其隨從太公、呂后走小道，想找漢王，反而遇到楚軍。楚軍報告項王，項王就把他們留在軍營中。

當時呂后的哥哥周呂侯率領一支漢軍駐紮在下邑。漢王走小道到那裏去，陸續收集了一些逃散的士卒。到了滎陽，各路敗軍都來集合，蕭何也徵發關中不合服役年齡的老弱全部調到滎陽，漢王的軍威又振作起來。楚軍從彭城乘勝追擊敗退的漢軍，與漢軍在滎陽南面的京、索之間打了一仗，漢軍擊敗楚軍，楚軍因此不能越過滎陽西進。

項王領兵救彭城，又追趕漢王到了滎陽，田橫乘機收復齊國，立田榮的兒子田廣為齊王。漢王在彭城戰敗，各路諸侯又都背漢歸楚。漢王駐軍滎陽，修築了一條直通黃河的甬道，以運輸敖倉的糧食。

漢三年，項王屢次搶佔漢軍的甬道，漢王憂慮糧食缺乏，向項王請和，割滎陽以西屬漢。項王打算同意，歷陽侯范增説：「漢軍容易對付了，如果現在不打垮他，以後會後悔的。」項王就與范增加緊圍攻滎陽。漢王甚為憂慮，就用陳平的計策，離間項王和范增的關係。項王的使者來了，漢王叫人特地準備了豐盛的酒席，端了進去。一見使者，假裝吃驚地説：「我以為是亞父的使者，原來是項王的使者。」又端了回去，換了不好的飯菜給使者吃。使者回去報告項王，項王就懷疑范增私通漢軍，剝奪了范增的一些權力。范增大怒，説：「天下大事基本定局了，君王自己幹吧。請把這把老骨頭賞給我，讓我回家去吧。」項王允許。范增就往回走，還沒有到達彭城，因背上生了毒瘡，死在路上。

漢將紀信向漢王建議説：「事情危急了，請讓我假扮漢王誑騙楚軍，大王可以乘機出城。」於是漢王在夜間從滎陽東門撤出兩千名帶鎧甲的婦女，楚軍四面圍攻。紀信坐着皇帝乘的黃屋車，左面豎着大纛旗，向楚軍喊話：「城裏糧食斷絕，漢王投降。」楚軍高呼萬歲。漢王就乘着這個機會帶領數十騎從西門出城，跑到成皋。項王見到紀信，問：「漢王何在？」紀信説：「漢王已經出城了。」項王就把紀信燒死了。

漢王逃出滎陽，向南到了宛縣、葉縣一帶，收服了九江王黥布，沿路收集散兵，又進入成皋固守。漢四年，項王進兵圍攻成皋。漢王只和滕公逃出成皋北門，渡過黃河，跑到修武，到了張耳、韓信的軍營。諸將陸續逃出成皋，隨從漢王。楚軍攻下成皋，準備向西進軍，漢王派兵在鞏縣阻擊，不讓楚軍西進。

漢王得到淮陰侯韓信的軍隊，打算渡過黃河向南進軍。經鄭忠勸阻，就留在黃河北岸建築營壘。派劉賈，打跑了彭越。漢王率軍渡過黃河，又奪取了成皋，駐軍廣武，就食敖倉的軍糧。項王平定了東方，回軍向西，也駐軍廣武，跟漢軍對壘，相持數月。

當時，彭城在梁地屢次反攻楚軍，斷絕楚軍的糧食，項王很憂慮，就把太公放在高案上，對漢王說：“如不趕快投降，我就烹了太公！”漢王說：“我和你都是懷王的臣子，懷王要我們兩人結為兄弟，因此我的老子就是你的老子，你如果一定要烹你的老子，希望分給我一杯肉羹。”項王憤怒，要殺太公。項伯說：“天下大事還未能預料，而且爭奪天下的人是不顧家的，殺了他沒有好處，只會增加禍患。”項王依從了他。

楚、漢兩軍長期相持，勝負未決，年輕力壯的苦於行軍打仗，年老體弱的疲於水陸運輸。項王對漢王說：“幾年來天下動盪不安，就是因為我們兩個人的緣故，我願意和你挑戰，一決雌雄，不要讓百姓白白跟着受苦。”漢王笑着回答說：“我寧願跟你鬥智，不和你鬥力。”項王令壯士出營挑戰。漢軍有個善於騎射的人叫樓煩，楚軍每次來人挑戰，樓煩都把他射死。項王大為憤怒，親自披甲持戟出來挑戰。樓煩準備射他，項王怒目大吼，樓煩眼不敢看，手不敢發，跑回營壘，不敢再出來。漢王派人尋問，得知是項王，大為吃驚。項王隔着廣武澗和漢王對話。漢王數說項王的種種罪狀，項王惱怒，要求決戰。漢王不聽，項王用有機關的弓箭射中漢王。漢王受傷，跑回成皋。

項王知道淮陰侯已經攻下河北，打敗齊、趙，準備進攻楚軍，就派龍且前去迎擊。淮陰侯與龍且大戰，把楚軍打得大敗，殺死龍且。韓信由此自立為齊王。項王聽説龍且的軍隊垮了，很是恐慌，就派盱眙人武涉遊説淮陰侯叛漢聯楚。淮陰侯不答應。這時，彭越又攻下梁地，斷絕楚軍的糧道。項王就對海春侯大司馬曹咎等説：“謹慎防守成皋。如果漢軍挑戰，千萬不要應戰，只要不讓漢軍東進就行了。我十五天內必定殺掉彭越，平定梁地，再來和將軍會合。”於是項王領兵東去，順路攻擊陳留、外黃。

外黃一時沒有攻下。幾天後，外黃投降，項王憤怒，命令十五歲以上的男子全部到城東，準備坑殺。外黃縣令門客的兒子，只有十三歲，去對項王説：“彭越脅迫外黃，外黃百姓害怕，姑且投降，以等待大王。大王來了，卻要坑殺他們，百姓豈能有歸順之心？從此往東，梁地十餘座城邑都會感到害怕，那就再也不肯投降了。”項王認為他説的有理，就把那些準備坑殺的人全都赦免了。從外黃往東直到睢陽，各地聽到這個消息，都爭先投降項王。

當時，項王在睢陽，聽説海春侯軍敗，就領兵回來。漢軍正在滎陽東面圍攻鍾離眜，項王來到，漢軍畏懼，就都跑到險要地帶去了。

這時，漢軍士氣旺盛，糧食充足；項王軍隊疲勞，糧食斷絕。漢王派遣陸賈去遊説項王，要接太公回來，項王不答應。漢王又派侯公去遊説，項王就與漢約定，平分天下，劃定鴻溝以西歸漢，鴻溝以東歸楚。項王答應了侯公的要求，把漢王的父母妻子送了回來。漢軍高呼萬歲。漢王封侯公為平國君，但躲避不肯再見他，説：“此人是天下善辯之士，所到之處可以傾覆人家的國家，所以封號為平國君。”項王因為已經訂立和約，就領兵東歸。

漢王打算西歸，張良、陳平建議説：“漢已經佔據大半天下，諸侯都歸服我們。現在楚軍兵疲糧盡，這是天滅亡楚國的時候，應該乘此機會把它奪取過來。如果現在放過去不打，這就是所謂‘養虎自遺患’。”漢王採納了這個建議。

漢五年，漢王追擊項王到陽夏南面停了下來，和淮陰侯韓信、建成侯彭越約期會合，合力攻擊楚軍。韓信的軍隊從齊國出發，劉賈的軍隊從壽春並行，兩軍一路屠城，來到垓下。大司馬周殷背叛楚國，以舒縣的兵馬攻破六縣，會合九江的軍隊，和劉賈、彭越一起，都會集到垓下，包圍項王。

項王的軍隊在垓下紮下營壘，兵少糧盡，漢軍和諸侯軍把他們重重包圍。夜晚，聽到四面的漢軍都唱楚歌，項王大驚，説：“漢軍已經完全征服楚國了嗎？為何楚人這麼多呢！”於是項王夜半起身，在軍帳中飲酒。有個叫虞的美人，項王經常帶在身邊；有匹叫騅的駿馬，項王經常騎着作戰。項王作歌一首，慷慨悲憤地唱道：

力拔山兮氣蓋世，時不利兮騅不逝。

騅不逝兮可奈何？虞兮虞兮奈若何！

項王歌唱，美人應和，連唱幾遍。項王的眼淚一行行落下，左右的人也低聲飲泣，悲痛使得人們不能抬頭仰視。

項王上馬，部下壯士騎馬跟從的八百餘人，連夜突出重圍，向南飛奔而去。天亮，漢軍才發覺，命令騎將灌嬰率領五千騎兵追趕。項王渡過淮河，騎馬跟從的只有一百多人了。項王到陰陵，迷失了道路，向一個種田人尋問，種田人欺騙他說：“向左。”項王往左去，結果陷進了沼澤地帶，被漢軍趕上。

項王又領兵向東，到了東城，只剩下二十八個人了，而追趕的漢軍騎兵有幾千人。項王估計擺脫不了，對跟從的將士們說：“我從起兵到現在八年了，身經七十餘戰，敢於阻擋的無不擊破，所要攻擊的無不降服，未曾打過敗仗，由此稱霸天下。然而今天卻被圍困在這裏，這是天要滅亡我，並非我不會打仗。今天決心戰死，我願意為你們打一個痛快仗，一定要三次取勝，為各位突破重圍，斬殺敵將，砍倒敵軍的大旗，讓你們知道是天要滅亡我，並非我不會打仗。”於是把將士分為四隊，面向四方。在漢軍重重包圍之中，項王對將士們說：“我為你們斬一員敵將。”命令將士從四面衝下去，約定在山的東面分三處集合。項王大聲呼喊着衝了下去，漢軍驚慌潰散，就斬了一員漢將。這時，赤泉侯楊喜為騎將，追趕項王，項王怒目大吼，赤泉侯人馬俱驚，倒退了幾里地。項王和將士們會合在約定的三個地方。漢軍不知項王何在，就分軍為三，重新包圍起來。項王騎馬奔馳，又斬了漢軍的一個都尉，殺了數十百人，再把人馬集合起來，只喪失兩個人。就問將士們說：“怎麼樣？”將士們都佩服地回答說：“正如大王所說的那樣。”

項王打算向東渡過烏江。烏江亭的亭長移船靠岸在那裏等待着，對項王說：“江東雖小，地方上千里，民眾數十萬，也足以稱王。希望大王趕快渡江。如今只有我這條船，漢軍來到，無法渡江。”項王笑着說：“天要滅亡我，我還渡江幹甚麼！況且我項羽與江東子弟八千人渡江西進，今天無一人回還，即使江東父兄出於憐憫而奉我為王，我有甚麼面目再見他們？即使他們不說，我項羽難道心裏不覺得慚愧嗎？”又對亭長說：“我知道你是個忠厚長者，我騎這匹馬五年了，所向無敵，曾經一日行走千里，不忍心殺牠，就送給你吧。”於是讓將士們下馬步行，持短兵器交戰。單單項羽一個人就斬殺漢軍幾百人。項王身上也受了十多處創傷。回頭看見漢軍的騎司馬呂馬童，說：“你不是我的老朋友嗎？”呂馬童面對項王，指給王翳說：“這就是項王。”項王就說：“我聽說漢王用賜千金、封萬戶的重賞買我的頭，我送給你做個人情吧。”就自刎而死。王翳割去項王的頭，其餘的騎兵為了爭奪項王的屍體，縱馬踐踏，互相殘殺，死了幾十人。最後，郎中騎楊喜、騎司馬呂馬童、郎中呂勝和楊武，各奪得一部分肢體。五個人把肢體合攏起來，都能對得上。漢王就把準備封賞的一萬戶分為五分，分別封馬童為中水侯，王翳為杜衍侯，楊喜為赤泉侯，楊武為吳防侯，呂勝為涅陽侯。

項王死後，楚國的地方都投降了漢王，唯獨魯城不降。漢王帶領天下兵馬打算屠城，看到他們遵守禮義，為主上盡忠守節，就拿項王的頭給魯人看，魯城才投降。起初，楚懷王曾封項羽為魯公，等到項羽死後，魯城又最後投降，因此用埋葬魯公的禮儀把項王埋葬在穀城。漢王為項王舉哀，哭了一場才離去。

　　項氏的宗族親屬，漢王都不殺。封項伯為射陽侯。桃侯、平皋侯、玄武侯都是項家的人，賜他們姓劉。

世家

——侯國的傳記

第三篇　越王句踐

　　句踐的祖先是夏禹的後裔，是夏朝少康帝的庶出之子。少康帝的兒子被封在會稽，恭敬地繼承着夏禹的祭祀。他們身上刺有花紋，剪短頭髮，除去草叢，修築城邑。二十多代後，傳到了允常。允常在位的時候，與吳王闔廬發生戰爭，互相攻伐。允常逝世後，兒子句踐即位，這就是越王句踐。

　　越王句踐元年（前 496），吳王闔廬聽説允常逝世，就舉兵討伐越國。越王句踐派遣敢死的勇士向吳軍挑戰，勇士們排成三行，衝入吳軍陣地，大呼着自刎身亡。吳兵看得目瞪口呆，越軍趁機襲擊了吳軍，吳軍大敗，還射傷了吳王闔廬。闔廬在彌留之際告誡兒子夫差説：“千萬不能忘記越國。”

　　三年（前 496），句踐聽説吳王夫差日夜操練士兵，準備報復越國一箭之仇，便打算先發制人，在吳未發兵前去攻打吳。范蠡進諫説：“不行，我聽説兵器是兇器，攻戰是背德，先行攻打是最下等的事。陰謀去做背德的事，喜愛使用兇器，親身參與下等事，定會遭到天帝的反對，這樣做絕對不利。”越王説：“我已經做出了決定。”於是舉兵進軍吳國。吳王聽到消息後，動用全國精鋭部隊迎擊越軍，在夫椒大敗越軍。越王只聚攏起五千名殘兵敗將退守會稽。吳王乘勝追擊包圍了會稽。

越王對范蠡說：“因為沒聽您的勸告才落到這個地步，怎麼辦呢？”范蠡說：“持滿不溢，與天同道，會得到上天的支援。能夠轉危為安而不傾覆的，要靠人的努力。現在，您對吳王要謙卑有禮，如果他不答應，您就親自前往侍奉他，把自己押給吳國。”

句踐於是派大夫種去向吳求和，種跪在地上邊向前行邊叩頭說：“君王的亡國臣民句踐讓我稟告您：句踐請您允許他做您的奴僕，允許他的妻子做您的侍妾。”吳王準備答應種，伍子胥對吳王說：“天帝把越國賞賜給吳國，不要答應他。”種回越後，將情況告訴了句踐。句踐想殺死妻子兒女，焚燒寶器，親赴疆場拼一死戰。種阻止句踐說：“吳國的太宰嚭十分貪婪，我們可以用重財誘惑他，請您允許我暗中去吳通融。”於是句踐便讓種給太宰嚭獻上美女、珠寶、玉器。嚭欣然接受，於是就把大夫種引見給吳王。種叩頭說：“希望大王能赦免句踐的罪過，我們越國將把世傳的寶器全部給您。萬一不能僥倖得到赦免，句踐將把妻子兒女全部殺死，燒毀寶器，率領他的五千名士兵與您決一死戰，您也將付出相當的代價。”太宰嚭藉機勸說吳王：“越王已經服服貼貼地當了臣子，如果赦免了他，將對我國有利。”吳王又要答應種。伍子胥又進諫說：“今天不滅亡越國，必定後悔莫及。句踐是賢明的君主，大夫種、范蠡都是賢能的大臣，如果句踐能夠返回越國，必將作亂。”吳王不聽子胥的諫言，赦免了越王，撤軍回國。

句踐被困在會稽時，曾喟然歎息說：“我將在此了結一生嗎？”種說：“商湯被囚禁在夏台，周文王被圍困在羑里，晉國重耳逃到翟，齊國小白逃到莒，他們都終於稱霸天下。由此觀之，我們今日的處境何嘗不能成為福分呢？”

吳王赦免了越王，句踐回國後，深思熟慮，苦心經營，把苦膽掛到座位上，坐臥即能仰頭嚐嚐苦膽，飲食也嚐嚐苦膽。還說：“你忘記會稽的恥辱了嗎？”他親身耕作，夫人親手織布，吃飯從未有葷菜。從不穿華麗的衣服，對賢人彬彬有禮，能委屈求全，招待賓客熱情誠懇，能救濟窮人，悼慰死者，與百姓共同勞作。越王想讓范蠡管理國家政務，范蠡回答說：“用兵打仗之事，種不如我；鎮定安撫國家，讓百姓親近歸附，我不如種。”於是把國家政務委託給大夫種，讓范蠡和大夫柘稽求和，到吳國作人質。兩年後吳國才讓范蠡回國。

句踐從會稽回國後七年，一直關照士兵百姓，想向吳國報仇。大夫逢同進諫說：“國家新近流亡，今天才又富裕，如果我們整頓軍備，吳國一定懼怕，它懼怕，災難必然降臨。再說，兇猛的大鳥襲擊目標時，一定先隱藏起來。現在，吳軍壓在齊、晉國境上，對楚、越有深仇大恨，在天下雖名聲顯赫，實際危害周王室。吳缺乏道德，卻取得不少功勞，一定驕橫狂妄。真為越國着想的話，越國不如結交齊國，親近楚國，歸附晉國，厚待吳國。吳國志向高遠，對戰爭一定很輕視，這樣我國可以聯絡三國的勢力，讓三國攻打吳國，待它精疲力竭，越國便可一舉攻克它。”句踐說：“好。”

　　過了兩年，吳王將要討伐齊國。伍子胥進諫說：
"我聽說句踐吃飯從沒兩樣菜，與百姓同甘共苦。此人
不死，一定是我國的憂患。越國是我們的心腹之患，
齊對吳只像皮膚上的一塊疥癬。希望君王放棄攻齊，
先伐越國。"吳王不聽，就出兵攻打齊國，在艾陵大敗
齊軍，俘虜了齊國的高昭子、國惠子。回吳後責備伍
子胥，伍子胥說："您不要太高興！"吳王很生氣，子
胥想自殺，吳王聽到制止了他。越國大夫種說："我觀

察吳王當政太驕橫了，請您允許我試探一下，向他借糧，來揣度一下吳王對越國的態度。"種向吳王請求借糧。吳王想借予，子胥建議不借，吳王最終還是借了，越王暗中高興。子胥說："君王不聽我的勸諫，再過三年吳國將成為一片廢墟！"太宰嚭聽到這話，就多次與子胥爭論對付越國的計策，藉機誹謗子胥說："伍員表面忠厚，內心殘忍，他連自己的父兄都不顧惜，怎麼能顧惜君王呢？君王上次想攻打齊國，伍員進諫不要打，後來您作戰有功，他反而因此怨恨。您不防備他，他一定作亂。"嚭還和逢共同謀劃，在君王面前再三再四誹謗子胥。君王開始並不聽信讒言，後來派子胥出使齊國，聽說子胥把兒子寄託給齊國的鮑氏，君王才大怒，說："伍員果真欺騙我！"子胥出使齊回國後，吳王就派人賜給子胥一把叫做"屬鏤"的劍讓他自殺。子胥大笑道："我輔佐你的父親稱霸，又擁立你為王，你當初想與我平分吳國，我沒接受，現在你反而因讒言殺害我。唉，唉，你一個人絕對不能獨自立國！"子胥告訴使者說："一定取出我的眼睛掛在吳國都城東門上，以能親眼看見越軍進入都城。"此後，吳王重用嚭執掌國政。

過了三年，句踐召見范蠡說："吳王已殺死了子胥，阿諛奉承的人很多，可以攻打吳了嗎？"范蠡回答說："不行。"

到第二年春天，吳王到北部的黃池去會合諸侯，吳國的精銳部隊全部跟隨吳王赴會，唯獨老弱殘兵和太子留守吳都。句踐又問范蠡是否可以進攻吳國。范蠡説："可以了。"於是派出熟悉水戰的士兵兩千人，訓練有素的士兵四萬人，受過良好教育、有地位的近衛軍六千人，各類管理技術軍官一千人，攻打吳國。吳軍大敗。吳國使者急忙向吳王告急，吳王正在黃池會合諸侯，怕天下人聽到這種慘敗消息，就保守秘密。待吳王在黃池與諸侯訂下盟約，就派人帶上厚禮與越國求和。越王估計自己也不能馬上滅掉吳國，就與吳國講和了。

這以後四年，越國又攻打吳國。吳國軍民疲憊不堪，精鋭軍隊都在與齊、晉之戰中死亡。所以越國擊破吳軍，並包圍吳都三年，吳軍失敗，越國把吳王圍困在姑蘇山上。吳王派公孫雄講和，公孫雄脱去上衣露出胳膊跪着向前行，請求越王："孤立無助的臣子夫差冒昧地表達自己的心願，從前我在會稽得罪過您，我不敢違背您的命令，跟您講和就撤軍回國了。現在您前來懲罰孤臣，我將唯命是聽，但我私下希望，您能像上次會稽山對您那樣赦免我夫差的罪過！"句踐不忍心，想答應吳王。范蠡説："會稽的事，是上天把越國賜給吳國，吳國不要。今天是上天把吳國賜給越國，越國難道可以違背天命嗎？再説君王早上朝晚罷朝，不是因為吳國嗎？謀劃伐吳已二十二年了，一旦放棄，行嗎？且上天賜予您卻不要，那反而要受罰的。'用斧頭砍伐木材做斧柄，斧柄的樣子就在身邊。'忘記會稽的苦難了嗎？"句踐説："我想聽從您的建議，但我不忍心對他的使者説。"范蠡就鳴鼓進軍，説："君王已經把政務委託給我了，吳國使者趕快離去，否則將要對不起你了。"吳國使者傷心地哭着走了。句踐憐憫吳王，就派人對吳王説："我安置您到甬東！做百家之主。"吳王辭謝説："我已經老了，不能侍奉您了！"説完便自殺身亡，自盡時遮住自己的面孔説："我沒臉面見到子胥！"越王安葬了吳王，殺死了太宰嚭。

句踐平定了吳國後，就出兵向北渡過黃河，在徐州與齊、晉諸侯會合，向周王室進獻貢品。周元王派人賞賜祭祀肉給句踐，稱他為"伯"。句踐離開徐州，渡過淮河南下，把淮河流域送給楚國，把吳國侵佔宋國的土地歸還給宋國。把泗水以東方圓百里的土地給了魯國。當時，越軍在長江、淮河以東暢行無阻，諸侯們都來慶賀，越王號稱霸王。

越王句踐稱霸後范蠡就離開了越王，從齊國給大夫種發來一封信。信中説："飛鳥盡，良弓藏；狡兔死，走狗烹。越王是長頸鳥嘴，只可以與之共患難，不可以與之共享樂，你為何不離去？"種看過信後，聲稱有病不再上朝。有人中傷種將要作亂，越王就賞賜給種一把劍説："你教給我攻伐吳國的七條計策，我只採用三條就打敗了吳國，那四條還在你那裏，你替我去到先王面前嘗試一下那四條吧！"種於是自殺身亡。

句踐逝世，兒子王鼫與即位。王鼫與逝世，兒子王不壽即位。王不壽逝世，兒子王翁即位。王翁逝世，兒子王翳即位。王翳逝世，兒子王之侯即位，王之侯逝世，兒子王無強即位。

七代後，君位傳到閩君搖，他輔佐諸侯推翻了秦朝。漢高帝又恢復搖做了越王，繼續越國的奉祀。東越、閩君都是越國的後代。

　　范蠡事奉越王句踐，辛苦慘淡、勤奮不懈，與句踐運籌謀劃二十多年，終於滅亡了吳國，洗雪了會稽的恥辱。越軍向北進軍淮河，兵臨齊、晉邊境，號令中原各國，尊崇周室，句踐稱霸，范蠡做了上將軍。回國後，范蠡以為盛名之下，難以長久，況且句踐的為人，可與之同患難，難與之同安樂，寫信辭別句踐說："我聽說，君王憂愁臣子就勞苦，君主受辱臣子就該死。過去您在會稽受辱，我之所以未死，是為了報仇雪恨。當今既已雪恥，臣請求您給予我君主在會稽受辱的死罪。"句踐說："我將和你平分越國。否則，就要加罪於你。"范蠡說："君主可執行您的命令，臣子仍依從自己的意趣。"於是他打點包裹，收拾細軟珠寶，與隨從從海上乘船離去，始終未再返回越國，句踐為表彰范蠡把會稽山作為他的封邑。

第四篇　留侯張良

　　留侯張良，祖先是韓國人。祖父張開地，先後擔任過韓昭侯、宣惠王和襄哀王的丞相。父親張平，擔任過釐王和悼惠王的丞相。悼惠王二十三年，父張平去世。張平死後二十年，秦滅亡了韓國。當時張良還年輕，沒有在韓國做過官。韓國滅亡以後，張良家的財產還很雄厚，光是奴僕就有三百人。但是，兄弟死了他不用厚禮安葬，卻不惜用全部家財訪求刺客，謀刺秦始皇，為韓國報仇。張良這樣做，是因為祖父、父親曾經做過韓國五代君主的丞相。

　　張良曾經在淮陽學習儀禮，遇到了當時很有名望的倉海君，從他那得到了一個大力士，鑄了一把一百二十斤重的大鐵錘。秦始皇到東方巡遊，張良和大力士隱蔽在博浪沙這個地方，用鐵錘襲擊秦始皇，結果誤中了秦始皇的一輛隨車。秦始皇大為震怒，命令全國各地進行大搜查，捉拿刺客。於是張良改名換姓，逃到下邳躲避起來。

　　有一次，張良閒暇無事，到下邳的橋上散步，有個老人，穿着粗布短衣，走到張良跟前，故意將鞋子掉到橋下，衝着張良說：“孩子，下去把我的鞋子撿上來！”張良聽了一愣，很想揍他一頓，因為看他是個老年人，就強忍着到橋下把鞋子拾了上來。老人說：“給我穿上！”張良想既然已經把鞋子給他取上來了，就跪下來給他穿。老人伸着腳讓張良把鞋子穿上，而後笑着離去了。張良很驚奇，就注視着老人的去向。老人走了里把路，又返了回來，對張良説：“你這個孩子，可以教導，過五天，天一亮就到這裏來和我相會。”張良感到驚異，跪下來説：“是。”五天後，天剛亮張良就到橋上去，可是老人已經先在那裏了。老人生氣地説：“與老年人約會，為甚麼遲到？”説完就離去了，告訴張良：“過五天早點來。”過了五天雞一叫，張良就去了，可是老人又已經先在那裏了。老人又生氣地説：“為甚麼又遲到了？”説完又離去了，告訴張良：“過五天再早點來。”又過了五天，張良未到半夜就到橋上去了。不多一會，老人也來了，高興地説：“這樣才對。”於是拿出一部書交給張良，説：“讀了這本書，就能夠做帝王的老師了。十年以後你會發跡。十三年以後，你到濟北來見我，穀城山下有塊黃石就是我。”沒有説別的話就走了，從此張良再也沒有看見過他。天亮後，張良看這本書，原來是《太公兵法》。張良很珍愛這本書，經常學習誦讀。

　　張良住在下邳，行俠仗義，經常為人打抱不平。項伯殺了人，就隱藏在張良那裏。

　　過了十年，陳勝等起兵反秦，張良也聚集了一百多年輕人。景駒在留縣自立為楚國的假王，張良想去投靠他，在路上遇見了沛公劉邦。這時沛公率領着幾千人馬，攻佔了下邳以西的地區，張良就歸附了他，沛公任命張良為管理軍馬的廄將。張良多次根據《太公兵法》向沛公獻策，沛公很賞識他，經常採用他的計策。可是張良對別人講這些東西的時候，卻都不能理解。因此，張良說：「沛公的才智大概是天授予的。」從此張良就跟從了沛公，不再去見景駒了。

沛公來到薛縣，拜見項梁。項梁立熊心為楚懷王。張良就對項梁說：「你已經立了楚國的後裔，而韓國的公子橫陽君韓成很賢能，可以立他為王，以增強自己的黨羽。」項梁派遣張良找到韓成，立為韓王，以張良為韓國的司徒。張良與韓成率領一千多人向西攻略韓國的地方，奪取了幾座城邑，但秦軍每每又把它們奪了回去。這樣，張良、韓成的部隊就成了遊兵，在潁川一帶打游擊。

沛公從洛陽向南穿過轘轅山，張良領兵歸從沛公，攻下韓地十餘座城邑，打垮秦將楊熊的軍隊。沛公令韓成留守陽翟，自己與張良繼續向南，攻下宛縣，又向西進入武關。沛公打算用兩萬人馬襲擊嶢關一帶的秦軍，張良建議說：「目前秦軍的兵力還很強大，不可輕視。我聽說防守嶢關的秦將是屠戶的子弟，這些做生意的傢伙，容易用財物動搖他們。希望你堅守營壘，派出先頭部隊，準備五萬人的乾糧，讓他們在各個山頂上多多張掛旗幟，作為疑兵，迷惑敵人。同時派酈食其帶着貴重的寶物去收買秦將。」沛公依計而行，秦將果然背叛秦朝，要求與沛公聯合起來，一同向西進攻咸陽。沛公打算同意他們的要求，張良又說：「這些部隊只是將領想要反叛，恐怕士兵們不會服從。如果士兵們不服從，勢必帶來危險，不如乘着他們懈怠的時機，襲擊他們。」於是沛公就領兵攻打秦軍，將秦軍打敗，一直追到藍田，又向秦軍發起進攻，把他們徹底打垮。緊接着打進了咸陽，秦王子嬰向沛公投降。

　　沛公進入秦朝的宮殿，看到宮室、帷帳、狗馬、貴重的財寶以及美人婦女數以千計，就想留下來居住在宮裏。樊噲勸沛公出去居住，沛公不聽。張良說："正是由於秦朝無道，你沛公才能來到這裏。為天下鏟除兇殘的民賊，應該以崇尚樸素為好。今天剛剛進入秦朝的宮殿，就像秦朝那樣安於享受，這樣做就等於'助桀為

虐’。而且‘忠言逆耳利於行，良藥苦口利於病’，希望沛公聽取樊噲的意見。”沛公這才率領軍隊回到霸上。

項羽率軍來到鴻門，準備攻打沛公，項伯連夜跑到沛公的軍營，私下會見張良，想讓張良和他一起離開。張良說：“我為了韓王陪伴沛公，今天事情危急，逃走是不仗義的。”於是張良就將情況統統告訴了沛公。沛公大吃一驚，說：“怎麼辦呢？”張良說：“你真想背叛項羽嗎？”沛公說：“是一個淺陋的小人教我，把守住函谷關，不讓諸侯軍進來，就可以佔據全部關中地區而稱王了，所以我就聽信了他的話。”張良說：“請沛公想一想，你能夠打敗項羽嗎？”沛公沉默了好久，說：“確實不能。如今又該怎麼辦呢？”張良就去懇切地邀請項伯。項伯入見沛公，沛公向項伯敬酒，結為朋友，並約為兒女親家。請求項伯在項羽面前詳細說明，沛公不會背叛項羽，所以派兵把守函谷關，是為了防備其他強盜。後來沛公會見了項羽，兩個人就和解了。

漢元年正月，沛公被封為漢王，統轄巴、蜀地區。漢王賜給張良黃金百鎰，珠玉二斗，張良全部獻給了項伯。漢王也讓張良厚贈項伯，通過項伯替他向項王請求漢中的土地。項王允許了，漢王就得到了漢中地區。漢王到自己的封國去，張良送他到褒斜道。張良勸漢王說：“大王為甚麼不燒毀所經過的棧道，向天下人表示自己沒有東歸的意圖，以使項王安心。”於是漢王就讓張良回去了。一面走，一面就把所經過的棧道燒掉。

張良到了韓王那裏，項王由於韓成曾讓張良跟從漢王，所以不遣送韓成到他的封國去，讓他跟隨自己東歸。張良對項王說：「漢王燒掉了棧道，已經沒有再回來的意思了。」後來，張良又以齊王田榮反叛這件事，寫信告訴項王。項王因此就無心再考慮西邊漢王的事情了，而發兵向北攻打齊王田榮。

項王始終不肯讓韓王韓返回封國，後來降他為侯，又將他殺死在彭城。張良逃跑，抄小路投奔漢王。這時漢王已回軍平定了三秦，就封張良為成信侯，讓他隨從自己東進攻擊楚軍。到了彭城，漢軍戰敗而回。到了下邑，漢王下馬坐在馬鞍上，問道：「我準備拿出關東地區作為封賞，看誰可以和我共同建立功業？」張良進言說：「九江王黥布，是楚軍的猛將，與項王有隔閡；彭城正和齊王田榮一起在梁地反擊楚軍，這兩人眼下就可以使用。而漢王的將領只有韓信可以委任大事，獨當一面。如果要捨棄關東地區，那就給這三個人，這樣就可以把楚軍打敗。」於是漢王派遣隨何去遊說九江王黥布，又派人去聯合彭越。後來魏王魏豹反叛，漢王就派韓信率軍攻擊，接着攻佔了燕、代、齊、趙等國。最後戰敗楚軍的，就是這三個人的力量。

張良體弱多病，未曾親自率領軍隊，獨當一面，而是常常作為謀臣，跟在漢王身邊。

漢三年，項羽把漢王緊緊圍困在滎陽，漢王恐懼憂愁，就同酈食其商量如何削弱楚軍的力量。酈食其建議說：「從前商湯討伐夏桀，封夏代子孫於杞國。周武王討伐商紂，封商代子孫於宋國。如今秦朝失德棄漢，侵奪諸侯國的社稷，使得被滅亡的六國的後代沒有立錐之地。陛下如果能夠重新擁立六國的後裔，授予他們國王的印，這樣各國的君臣百姓就會對陛下感恩戴德，嚮往欽慕陛下的德義，願意做陛下的臣子。隨着德義的施行，陛下就可以稱霸天下，項羽也就必然會整肅衣冠，前來恭恭敬敬地朝見陛下。"漢王説："好。趕快刻印，先生帶着這些印就可以出發去分封他們了。"

酈食其還沒有動身，張良從外面回來進見漢王。漢王正在吃飯，説："子房到我面前來！有個客人給我提了個削弱楚軍力量的建議。"接着就把酈食其講的話全部告訴了張良，然後問："子房，你看怎麼樣？"張良説："是誰給陛下出的這個主意？要這樣做陛下的大事就完了。"漢王問："為甚麼？"張良説："請讓我借用陛下面前的筷子，把形勢比劃一下。"張良就比劃着説："從前商湯討伐夏桀，封夏代子孫於杞國，那是商湯自料能夠置夏桀於死地。今天陛下能夠置項羽於死地嗎？"漢王説："不能。"張良説："這是不可以分封六國後代的第一個原因。周武王討伐商紂，封商代子孫於宋國，那是周武王自料能夠得到商紂的頭。今天陛下能夠得到項羽的頭嗎？"漢王説："不能。"張良説："這是不可以的第二個原因。周武王進入商朝的都城，曾經表彰商容，釋放箕子，重新修建比干的墳墓。今天陛下能夠像周武王那樣，為聖人修建墳墓，表彰賢良，尊重智者嗎？"漢王説："不能。"張良説："這是不可以的第三個原因。周武王曾經發放鉅橋的糧食，散發鹿台的錢財，以救濟貧窮的民眾。今天陛下能夠散發府庫的糧食和錢財來救濟貧窮的民眾嗎？”漢王説：“不能。”張良説：“這是不可以的第四個原因。周武王滅亡商朝以後，把戰車改成軒車，把兵器倒置存放起來，用虎皮加以覆蓋，向天下表示不再用兵。今天陛下能夠放棄武備，推行文治，不再用兵了嗎？”漢王説：“不能。”張良説：“這是不可以的第五個原因。周武王曾經把戰馬放在華山南面牧養，表示不再使用。今天陛下能夠讓戰馬休息不再使用了嗎？”漢王説：“不能。”張良説：“這是不可以的第六個原因。周武王曾經把牛放在桃林北面牧養，表示不再運輸和聚積糧草。今天陛下能夠讓牛休息不再使用了嗎？”漢王説：“不能。”張良説：“這是不可以的第七個原因。況且那些遠離家鄉的謀臣勇士，他們所以離開親屬，拋棄墳墓，丟掉老朋友，而隨從陛下打天下，就是日夜盼望着能夠得到一塊小小的封地。今天如果重新分封六國，擁立韓、魏、燕、趙、齊、楚的後代為王，那麼這些謀臣勇士就會返回本國，各事其主，和自己的親屬、朋友相聚，祭掃墳墓，這樣誰還跟着陛下去奪取天下呢？這是不可以的第八個原因。而且當前楚國強大無敵，重新封立的六國，也會被削弱而屈從楚國，陛下怎麼能夠使各國臣服呢？假使採用了這位客人的建議，陛下的大事就完了。”漢王放下碗筷，把吃到嘴裏的東西吐了出來，罵道：“這個書呆子，幾乎敗壞了老子的大事！”立即命令把六國的王印銷毀掉。

漢六年正月，大封功臣。張良沒有立過戰功，高帝説：“運籌策帷帳之中，決勝於千里之外，子房功也。自擇齊三萬戶為封邑。”張良説：“當初我在下邳起事，在留縣與陛下會合，這是天將我授予陛下。陛下用我的計策，有時僥倖成功。只要把留縣封給我就足夠了，三萬戶是不敢當的。”於是高帝就封張良為留侯，是和蕭何等人一同受封的。

高帝分封了大功臣二十多人，其餘的人日夜爭功，一時決定不下來，所以尚未進行封賞。高帝在洛陽南宮裏，從閣道望見將領們常常三三兩兩地坐在沙地上議論，就問：“他們議論些甚麼？”留侯張良説：“陛下不知道嗎？他們在預謀反叛。”高帝説：“天下已經接近安定，為甚麼要反叛呢？”留侯説：“陛下以平民的身份起事，利用這些人取得天下，今天陛下貴為天子，而所分封的都是像蕭何、曹參這班和陛下親近的老朋友，而所誅殺的都是陛下平生所仇恨的人。現在軍中官吏計算戰功，恐怕拿出整個天下也不夠封賞，這些人擔心由於陛下不能全部封賞，而抓住自己平生的過失加以誅殺，因而就聚在一起預謀反叛。”高帝擔憂地説：“把他們怎麼辦呢？”留侯問：“陛下平生最為憎恨，又為群臣所共知的是誰呢？”高帝説：“雍齒和我有舊怨，曾幾次侮辱我，我本想殺掉他，因為他功勞多，不忍心這樣做。”留侯説：“如今趕快封賞雍齒，以向群臣示意，群臣看到雍齒受封，大家就會安心了。”於是高帝擺設酒宴，封雍齒為什方侯，同時催促丞相、御史抓緊給將領們評定功勞，進行封賞。群臣參加了酒宴以後，高興地説：“雍齒都被封為侯，我們就沒有甚麼擔心的了。"

劉敬建議高帝建邦關中。高帝猶豫不決。左右大臣都是山東六國的人，大都主張建都洛陽，他們説："洛陽東有成皋，西有崤山、澠池，背靠黃河，面向伊、洛兩水，四周山河環繞，地形險要，也足以憑藉。"留侯説："洛陽四周雖有山河可以憑藉，但中間地區狹小，不過數百里，土地貧脊，四面受敵，這不是用武之地。至於關中，左有崤山、函谷關，右有隴山、岷山，中間地區寬闊，沃野千里，再加上南有富饒的巴、蜀之地，北有邊塞的畜牧之利，西、北、南三面憑險防守，只用東面控制諸侯。這樣，如果諸侯安定，可以利用黃河和渭水運輸全國物資，以供應京師；如果諸侯反叛，大軍可以順流而下，糧草物資也可以順水輸送。這就是所謂金城千里，天府之國。劉敬的建議是對的。"於是高帝立即起駕，向西進發，建都關中。

留侯體弱多病，隨從高帝入關後，便學習道家的導引之術，不吃五穀，一年多閉門不出。

高帝想廢掉太子劉盈，立戚夫人的兒子趙王如意為太子。許多大臣諫爭，但沒有一個能夠使高帝改變主意。呂后慌恐，無計可施。有人對呂后説："留侯善於籌劃計策，皇帝很相信他。"呂后就讓她的哥哥建成侯呂釋之去脅迫張良，説："你是皇帝的謀臣，如今皇帝打算更換太子，你怎麼能高枕而臥，不加過問呢？"張良説："當初皇帝屢次處於困難和危急的境況之中，常常採用我的計策。現在天下已經安定，由於自己的喜愛而想更換太子，這是骨肉之間事情，即使像我這樣的臣子有一百多人又有甚麼用呢？"呂釋之堅決要求說："你一定要為我出個主意。"張良説："這件事是很難用口舌去爭辯的。天下有四個人是皇帝想招而沒有招來的，這四個是老年人，都因為皇帝對人傲慢，而逃避在山裏，不願做漢朝的臣子。然而皇帝很尊重他們。如果你能不吝惜金銀財寶，讓太子劉盈親筆寫一封信，派遣一個能説會道的人，用謙卑的語言，舒適的車輛，誠懇邀請，他們是會來的。來到之後，作為賓客款待，讓他們常常隨從太子入朝，有意讓皇帝看見，皇帝看見了必然感到驚異，加以詢問。皇帝問明白了，又知道這是四個賢人，這對於鞏固太子的地位會有很大幫助。"於是呂后讓呂釋之派人帶着太子的書信，用謙卑的言辭，豐厚的禮物，去迎接這四個人。這四個人來了，就住在建成侯那裏。

漢十一年，黥布反叛，這時皇帝正在生病，打算讓太子率領軍隊前往平叛。這四個人商量説："我們到這裏來，無非是要保全太子。太子率軍平叛，事情就危險了。"於是就向建成侯建議説："太子率軍平叛，有了戰功，地位也不會再高過太子；無功而回，就會受到禍害。何況隨太子一起出征的將領，都是曾經和皇帝一起平定天下的猛將，今天讓太子統率他們，無異於使羊去統率狼，將領們都不會為太子盡力，太子也就必然不會建立戰功。我們聽説'受寵愛的母親所生的孩子，常常被父親抱着'，如今戚夫人日夜侍奉在皇帝身邊，趙王如意常常抱在皇帝跟前，皇帝曾説'反正不能讓不肖之子居於愛子之上'，這就明白地表示了皇帝一定要更換太子。你何不趕快讓呂后尋找機會向皇帝哭訴，就說‘黥布是天下的猛將，善於用兵，如今的將領們又都是陛下以前的同輩人，要是讓太子率領他們，無異於讓羊去率領狼，他們是不肯為太子所用的。黥布聽說以後，就會無所畏懼，大張旗鼓地向西進軍。皇帝雖然有病，也要勉強乘坐輜車監護軍隊，這樣，將領們就不敢不盡力。皇帝雖然要吃些苦，但為了妻兒後代還是應該勉強堅持一下’。”於是呂釋之連夜去見呂后，呂后就利用機會在皇帝面前按照這四個人的意思痛哭流涕地訴說了一番。高帝說：“我知道這小子不足以當此重任，老子親自走一趟吧。”高帝就親自統率軍隊向東進發，留守的群臣都送行到霸上。張良患病，也勉強起來送行，到了曲郵進見皇帝，對皇帝說：“我本應該跟從皇帝，實在是病太重了。楚人勇猛敏捷，希望皇帝不必和他們爭鋒。”又順便向皇帝建議說：“可讓太子為將軍，監護關中的兵馬。”高帝說：“子房雖然有病，也要勉強堅持輔助太子。”當時叔孫通是太子太傅，留侯就做太子少傅的事情。

漢十二年，皇帝從平定了黥布的軍隊中回來，病情沉重，更想更換太子。留侯勸諫，皇帝不聽。留侯就稱病不再過問政事。太傅叔孫通引用古今的事例勸說皇帝，甚至以死為太子力爭。皇帝假意答應，但還是想更換太子。有一次設置酒宴，太子在一旁侍奉。那四個人跟隨着太子，年齡都已八十開外，鬚眉潔白，衣冠壯偉。皇帝見了很驚異，問道：“他們是幹甚麼的？”四人上前各自說出自己的姓名，叫東園公、角里先生、綺里季和夏黃公。皇帝大為驚訝，說：“我訪求你們好幾年了，你們躲避不願見我，今天你們為甚麼自願和我的兒子交遊？”四個人都說：“陛下輕賤士人，喜歡辱罵，我們不願受你的侮辱，所以躲避起來。我們聽說太子仁義孝順，禮賢下士，天下人無不願意追隨太子，為他效死力，所以我們就來了。”皇帝說：“那就麻煩你們始終如一地好好照顧太子吧。”

四個人向皇帝祝酒完畢，起身辭去。皇帝目送着他們，召來戚夫人，指着這四個人說：“我本想更換太子，太子有了這四個人輔助，羽翼已成，很難變動了。呂后真是你的主人了。”戚夫人痛哭流涕，皇帝說：“你給我跳楚舞，我給你唱楚歌。”皇帝唱道：

“鴻鵠高飛，一舉千里。羽翼已成，翱翔四海。翱翔四海，當可奈何！雖有短箭，何處施用！”

皇上唱了幾遍，戚夫人抽泣流淚，皇上起身離去，酒宴結束。皇上最終沒更換太子，就是留侯建議召來這四個人的關係。

留侯曾經隨從皇帝攻擊舉兵反叛的代相陳豨，給皇帝獻奇計攻下了馬邑，在立蕭何為相國的時候，留侯和皇帝從容地談論天下大事，談了很多，但與天下存亡關係不大，所以沒有著錄。留侯宣稱：“我家世代輔佐韓國，韓國被秦滅亡以後，我不吝惜萬金家財，為韓國向強秦報仇，震動了天下。如今憑着三寸之舌，成為皇帝的老師，食邑萬戶，位居列侯，作為一個平民這已經到了頂點，我已經很滿足了。我願意拋棄人間的事情，去和仙人赤松子交遊。”於是留侯便按照道家的養生方法，不吃五穀，奉行導引之術，以使身體靈巧輕舉。高帝逝世以後，呂后因為感激留侯，就強迫他吃飯，說：“人生一世，猶如白駒過隙，轉瞬即逝，何必這樣自找苦吃呢？”留侯不得已，勉強聽取她的意見，開始吃飯了。

過了八年，留侯去世，謚號為文成侯。他的兒子張不疑襲封為留侯。

張良當初在下邳橋上遇見的那個給了他《太公兵法》的老人，十三年後，留侯隨從高皇帝經過濟北時，果然在穀城山下看見有塊黃石，留侯把它取回，作為珍寶供奉起來，按時祭祀。留侯死後，把這塊黃石和他葬在一起。每年冬、夏兩季掃墓時，都要祭祀黃石。

留侯張不疑，在孝文皇帝五年，因犯不敬之罪，被削去封爵，廢除封國。

第五篇　趙世家

　　趙氏的先人和秦人是同一個祖先。傳到中衍，他給殷帝太戊趕車。他的後代蜚廉有兩子，一個兒子取名惡來，侍奉紂王，後被周人殺死，他的後代就是秦人。惡來的弟弟名叫季勝，他的後代就是趙人。

　　季勝生子孟增。孟增受到周成王的寵信，周成王居於皋狼，賜孟增號為宅皋狼。皋狼生了衡父，衡父生了造父。造父得寵於周穆王。造父選取了駿馬八匹，與在桃林得到的盜驪、驊騮、綠耳等名馬獻給穆王。穆王讓造父趕車，到西方去巡視，會見了西王母，快樂得把回去都忘了。不久，徐偃王發動叛亂，穆王乘坐日行千里的馬車，攻打徐偃王，把他徹底打敗。於是把趙城賜給造父，從此就成為趙氏。

　　從造父往下經六代傳到了奄父，奄父字公仲，周宣王的時候討伐戎人，他給宣王趕車。在千畝之戰中，奄父曾使宣王脫險。奄父生了叔帶。叔帶的時候，周幽王荒淫無道，他就離開周王朝到了晉國，侍奉晉文侯，開始在晉國建立趙氏家族。

　　從叔帶往下，趙氏宗族越來越興旺，又過五代傳到了趙夙。

　　晉獻公十六年（前661），晉國征討霍、魏、耿三國，趙夙為將軍征討霍國。霍公逃到了齊國。這一年晉國大旱，占卜的結果說："霍太山的山神作怪。"於是派趙夙到齊國召回霍國國君，恢復了他的地位，讓他主持霍太山的祭祀，晉國才又得到豐收。晉獻公把耿地賜給趙夙。

趙夙生共孟這一年，正當魯閔公元年（前 661）。共孟生趙衰，趙衰字子餘。

趙衰為侍奉晉獻公還是侍奉幾位公子進行占卜，結果都不吉利。占卜到侍奉公子重耳時，結果吉利，他就去侍奉重耳。重耳由於驪姬之亂逃亡到翟，趙衰做隨從。翟人討伐廧咎如，得到兩個女子。翟君把年少的女子給重耳為妻，年長的女子給趙衰為妻，生了趙盾。當初，重耳在晉國的時候，趙衰的元配妻子已生了趙同、趙括、趙嬰齊。趙衰跟隨重耳在外逃亡，共計十九年，才得以返回晉國。重耳做了晉文公，趙衰做原大夫，住在原城，主持國家政事。晉文公所以能返回並且成為霸主，大多是趙衰的計策，這些事記在《晉世家》裏。

趙衰回到晉國以後，在晉國的原配妻子堅決要求把他在翟娶的妻子迎接回來，並且讓翟妻的兒子趙盾做正宗繼承人，而讓自己的三個兒子居下位侍奉他。晉襄公六年（前 662），趙衰去世，他的謚號是成季。

趙盾接替成季主持國政兩年時，晉襄公去世，太子夷皋年紀小。趙盾由於國家多難，想立襄公的弟弟雍為國君。雍當時在秦國，派使臣去迎接他。太子的母親日夜啼哭，叩頭對趙盾說："先君有甚麼罪過，為甚麼要拋棄他的嫡子而另找國君呢？"趙盾為此事憂慮，恐怕她的宗親和大夫們來襲擊殺死自己，於是就立了太子，這就是晉靈公，並派兵去攔截到秦國迎接襄公弟弟的一行人。靈公即位之後，趙盾更加獨攬晉國的政事。

靈公即位十四年，越來越驕縱。趙盾多次進諫，靈公不聽。一次因熊掌沒有煮熟，就把膳食官殺了，讓人把他的屍體抬出去，正好被趙盾看見。靈公因此害怕，想要殺害趙盾。趙盾平素待人寬厚慈愛，他曾經送食物給一個餓倒在桑樹之下的人，這個人回身掩護救了趙盾，趙盾才得以逃走。他還沒有逃出國境，趙穿就殺死了靈公，立襄公的弟弟黑臀為君，這就是晉成公。趙盾又回來主持國政。君子譏諷趙盾"身為正卿，逃亡沒有出國境，返回來也不誅討逆賊"，所以史官記載說"趙盾殺了他的國君"。晉景公的時候趙盾去世，他的謚號是宣孟，其子趙朔承襲爵位。

晉景公三年（前 597），趙朔率領晉國的下軍援救鄭國，與楚莊王在黃河邊交戰。趙朔娶了晉成公的姐姐為夫人。

晉景公三年，大夫屠岸賈要誅殺趙氏家族。當初，趙盾在世的時候，曾夢見叔帶抱着他的腰痛哭，非常悲傷；之後又大笑，還拍着手唱歌。趙盾為此進行占卜，龜甲上燒出的裂紋中斷，可後邊又好了。趙國一位名叫援的史官判斷說："這個夢很凶，不是應驗在您的身上，而是在您兒子身上，可也是由於您的過錯。到您孫子那一代，趙氏家族將更加衰落。"屠岸賈這個人，起初受靈公的寵信，到景公的時候他就做了司寇，將要發難，就先懲治殺靈公的逆賊以便牽連出趙盾，同時遍告所有的將領說："趙盾雖然不知情，但仍然是逆賊之首。做臣子的殺害了國君，他的子孫卻還在朝為官，何以能懲治罪人呢？請求誅殺他們。"韓厥說："靈公遇害的時候，趙盾在外地，我們的先君認為他無罪，所以沒有殺他。如今將要誅殺他的後人，這不是先君的意願而是隨意濫殺，隨意濫殺就是作亂。為臣的有大事卻不讓國君知道，這是目無君主啊。"屠岸賈不聽。韓厥就告知趙朔趕快逃跑。趙朔不肯逃跑，他說："您一定能不使趙氏的香火斷絕，我死了也就沒有遺恨了。"韓厥答應了他的要求，他謊稱有病不出門。屠岸賈不請示國君就擅自和將領們在下宮攻襲趙氏，殺死了趙朔、趙同、趙括、趙嬰齊，並且滅絕了他們的家族。

趙朔的妻子是成公的姐姐，有趙朔留下的身孕，她逃到景公宮裏躲藏起來。趙朔的一位門客名叫公孫杵臼，杵臼對趙朔的朋友程嬰說："你為甚麼不死？"程嬰說："趙朔的妻子懷有身孕，如果有幸是男孩，我就奉養他；如果是女孩，我再慢慢去死。"過了不久，趙朔的妻子分娩，生下男孩。屠岸賈聽到後，到宮中去搜查。母親把嬰兒放在褲子裏，禱告說："趙氏宗族要是滅絕，你就大哭；如果不會滅絕，你就不要出聲。"搜查到這裏的時候，嬰兒竟然沒有聲音。脫險以後，程嬰對公孫杵臼說："今天一次搜查沒有找到，以後一定要再來搜查，怎麼辦呢？"公孫杵臼說："扶立遺孤和死哪件事更難？"程嬰說："死很容易，扶立遺孤很難啊。"公孫杵臼說："趙氏的先君待您不薄，您就勉為其難吧；我去做那件容易的，讓我先死吧！”於是兩人設法取得別人家的嬰兒背着，給他包上漂亮的小花被，藏到深山裏。程嬰從山裏出來，假意對將軍們說：“我程嬰沒出息，不能扶養趙氏孤兒，誰能給我千金，我就告訴他趙氏孤兒藏在哪裏。”將軍們都很高興，答應了他，就派兵跟隨程嬰去攻打公孫杵臼。杵臼假意說：“程嬰，你這個小人哪！當初下宮之難你不能去死，跟我商量隱藏趙氏孤兒，如今你卻出賣了我。即使你不能撫養，怎能忍心出賣他呢！”他抱着嬰兒大叫道：“天哪！天哪！趙氏孤兒有甚麼罪？請你們讓他活下來，只殺我杵臼可以吧。”將軍們不答應，立刻殺了杵臼和孤兒。將軍們以為趙氏孤兒確實已經死了，都很高興。然而真的趙氏孤兒卻仍然活着，程嬰終於得以把孤兒隱藏到深山裏並撫養他長大。

過了十五年，晉景公生病，進行占卜，占卜的結果說是大業的子孫後代不順而作怪。景公問韓厥，韓厥知道趙氏孤兒還在世，便說：“大業的後代子孫中如今已在晉國斷絕香火的，不就是趙氏嗎？從中衍傳下的後代都是姓嬴的了。中衍人面鳥嘴，來到人世輔佐殷帝太戊，到他的後代輔佐的幾位周天子，都有美好的德行。再往下到厲王、幽王時昏庸無道，叔帶就離開周王朝來到晉國，侍奉先君文侯，一直到成公，他們世代都建立了功業，從未斷絕過香火。如今只有君主您滅了趙氏宗族，晉國人都為他們悲哀，所以在占卜時就顯示出來了。希望您考慮考慮吧！”景公問道：“趙氏還有後代子孫嗎？”韓厥就把實情完全告訴了景公。於是景公就與韓厥商量立趙氏孤兒，先把他找來藏在宮中。將軍們進宮問候景公的病情，景公依靠韓厥的眾多隨從迫使將軍們同趙氏孤兒見面。趙氏孤兒名叫趙武。將軍們不得已，只好說：“當初下宮那次事變，是屠岸賈策動的，他假傳君命，並且向群臣發令，不然的話，誰敢發動變亂呢！如果不是您有病，我們

這些大臣本來就要請趙氏的後代了。如今您有這個命令，正是群臣的心願啊！"當時就讓趙武、程嬰一一拜謝各位將軍，將軍們又反過來與程嬰、趙武攻打屠岸賈，誅滅了他的家族。景公重新又把原屬趙氏的封地賜給趙武。

到趙武行了冠禮，已是成人了，程嬰就拜別了各位大夫，然後對趙武說："當初下宮的事變，人人都能死難。我並非不能去死，我是想扶立趙氏的後代。如今趙武已經承襲祖業，長大成人，恢復了原來的爵位，我要到地下去報告給趙宣和公孫杵臼。"趙武啼哭叩頭，堅持請求說："我寧願使自己筋骨受苦也要報答您一直到死，難道您忍心離開我去死嗎？"程嬰說："不行。他認為我能完成大事，所以在我以前死去；如今我不去覆命，就會以為我的任務沒有完成。"於是就自殺了。趙武為程嬰守孝三年，給他安排了祭祀用的土地，春秋祭祀，世代不絕。

趙氏恢復爵位十一年後，晉厲公殺了他的大夫三郤。欒書害怕牽連到自己，於是就殺了晉君厲公，改立襄公的曾孫周，這就是晉悼公。晉國從此以後大夫的勢力逐漸強盛。

趙武接續趙氏宗族後二十七年，晉平公即位。平公十二年（前 546），趙武做了正卿。十三年，吳國的延陵季子出使晉國，他說："晉國的政權最後要落到趙武子、韓宣子、魏獻子後代的手裏。"趙武死後，謚號是文子。文子的孫子就是大家所熟悉的名人趙簡子。若無有趙氏孤兒，也就沒有趙簡子了。

列傳

——

名人的傳記

第六篇　刺客荊軻

荊軻是衛國人，他的祖先是齊國人，後來遷移到衛國。到燕國後，燕國人稱呼他荊卿。荊卿喜愛讀書、擊劍，憑藉劍術遊說衛元君，衛元君沒有任用他。

荊軻漫遊曾路經榆次，與蓋聶談論劍術，蓋聶對他怒目而視。荊軻出去以後，有人勸蓋聶再把荊軻叫回來。蓋聶說："剛才我和他談論劍術，他談的有不甚得當的地方，我用眼瞪了他；去找找看吧，我用眼瞪他，他應該走了，不敢再留在這裏了。"派人到荊軻住處詢問房東，荊軻已乘車離開榆次了。派去的人回來報告，蓋聶說："本來就該走了，剛才我用眼睛瞪他，他害怕了。"

荊軻漫遊邯鄲，魯句踐跟荊軻博戲，爭執博局的路數，魯句踐發怒呵斥他，荊軻卻默無聲息地逃走了，於是不再見面。

荊軻到燕國以後，喜歡上一個以宰狗為業的人和擅長擊筑的高漸離。荊軻特別好飲酒，天天和那個宰狗的屠夫及高漸離在燕市上喝酒，喝得似醉非醉以後，高漸離擊筑，荊軻就和着節拍在街市上唱歌，相互娛樂，不一會兒又相互哭泣，身旁像沒有人的樣子。荊軻雖說混在酒徒中，可他的為人卻深沉穩重，喜歡讀書；他遊歷過的諸侯各國，都是與當地賢士豪傑德高望眾的人相結交。他到燕國後，燕國隱士田光先生也友好地對待他，知道他不是平庸的人。

　　過了不久，適逢在秦國作人質的燕太子丹逃回燕國。燕太子丹，過去曾在趙國作人質，而秦王嬴政出生在趙國，他少年時和太子丹要好。等到嬴政被立為秦王，太子丹又到秦國作人質。秦王對待燕太子不友好，所以太子丹因怨恨而逃歸。歸來就尋求報復秦王的辦法，燕國弱小，力不能及。此後秦國天天出兵山東，攻打齊、楚和三晉，像蠶吃桑葉一樣，逐漸地侵吞各國。戰火將波及燕國，燕國君臣唯恐大禍臨頭。太子丹為此憂慮，請教他的老師鞠武。鞠武回答說："秦國的土地遍天下，威脅到韓國、魏國、趙國。它北面有甘泉、谷口堅固險要的地勢，南面有涇河、渭水流域肥沃的土地，據有富饒的巴郡、漢中地區，右邊有隴、蜀崇山峻嶺為屏障，左邊有殽山、函谷關做要塞，人口眾多而士兵訓練有素，武器裝備綽綽有餘。有意圖向外擴張，那麼長城以南，易水以北就沒有安穩的地方了。為甚麼您還因為被欺侮的怨恨，要去觸動秦王的逆鱗呢！"太子丹說："既然如此，那麼我們怎麼辦呢？"鞠武回答說："讓我進一步考慮考慮。"

　　過了一些時候，秦將樊於期得罪了秦王，逃到燕國，太子接納了他，並讓他住下來。鞠武規勸說："不行。秦王本來就很兇暴，再積怒到燕國，這就足以叫人擔驚害怕了，又何況他聽到樊將軍住在這裏呢？這叫作'把肉放置在餓虎經過的小路上'啊，禍患一定不可挽救！即使有管仲、晏嬰，也不能為您出謀劃策了。希望您趕快送樊將軍到匈奴去，以消除秦國攻打我們的藉口。請您向西與三晉結盟，向南聯絡齊、楚，向北與單于和好，然後就可以想辦法對付秦國了。”太子丹說：“老師的計劃，需要的時間太長了，我的心裏憂悶煩亂，況且並非單單因為這個緣故，樊將軍在天下已是窮途末路，投奔於我，我總不能因為迫於強秦而拋棄我所同情的朋友，希望老師另考慮別的辦法。”鞠武說：“選擇危險的行動想求得安全，製造禍患而祈請幸福，計謀淺薄而怨恨深重，為了結交一個新朋友，而不顧國家的大禍患，這就是所說的‘積蓄仇怨而助禍患’了。拿大雁的羽毛放在爐炭上一下子就燒光了。何況是雕鷙一樣兇猛的秦國，對燕國發洩仇恨殘暴的怒氣，難道用得着說嗎！燕國有位田光先生，他這個人智謀深沉勇敢，可以和他商量。”太子說：“希望通過老師而得以結交田先生，可以嗎？”鞠武說：“遵命。”鞠武便出去拜會田先生，說：“太子希望跟田先生一同謀劃國事。”田光說：“謹領教。”就前去拜訪太子。

太子上前迎接，倒退着走為田光引路，跪下來拂拭座位給田光坐。田光坐穩後，左右沒別人，太子離開自己的座位向田光請教說：“燕國與秦國誓不兩立，希望先生留意。”田光說：“我聽說騏驥盛壯的時候，一日可奔馳千里，等到牠衰老了，就是劣等馬也能跑到牠的前邊。如今太子光聽說我盛壯之年的情景，卻不知道我精力已經衰竭了。雖然如此，我不能冒昧地謀劃國事，我的好朋友荊卿是可以承擔這個使命的。”太子說：“希望能通過先生和荊卿結交，可以嗎？”田光說：“遵命。”於是即刻起身，急忙出去了。太子送到門口，告誡説："我所講的，先生所説的，是國家的大事，希望先生不要洩露！"田光俯下身去笑着説："是。"田光彎腰駝背地走着去見荊卿，説："我和您彼此要好，燕國沒有誰不知道，如今太子聽説我盛壯之年時的情景，卻不知道我的身體已力不從心了，我榮幸地聽他教誨説：'燕國、秦國誓不兩立，希望先生留意。'我已經把您推薦給太子，希望您前往宮中拜訪太子。"荊軻説："謹領教。"田光説："我聽説，年長老成的人行事，不能讓別人懷疑他。如今太子告誡我説：'所説的，是國家大事，希望先生不要洩露'，這是太子懷疑我。一個人行事卻讓別人懷疑他，他就不算是有節操、講義氣的人。"他要用自殺來激勵荊卿，説："希望您立即去見太子，就説我已經死了，表明我不會洩露機密。"因此就刎頸自殺了。

　　荊軻於是便去會見太子，告訴他田光已死，轉達了田光的話。太子拜了兩拜，跪着前進，痛哭流涕，過了一會説："我所以告誡田先生不要講，是想使大事的謀劃得以成功。如今田先生用死來表明他不會説出去，難道是我的初衷嗎！"荊軻坐穩，太子離開座位以頭叩地説："田先生不知道我不上進，使我能夠到您跟前，不揣冒昧地有所陳述，這是上天哀憐燕國，不抛棄我啊。如今秦王有野心，而他的慾望是不會滿足的。不佔盡天下的土地，他的野心是不會滿足的。如今秦國已俘虜了韓王，佔領了他的全部領土。他又出動軍隊向南攻打楚國，向北逼近趙國；王翦率領幾十萬大軍抵達漳水、鄴縣一帶，而李信出兵太原、雲中。趙國抵擋不住秦軍，一定會向秦國臣服；趙國臣服，那麼災禍就降臨到燕國。燕國弱小，多次被戰爭所困擾，如今估計，調動全國的力量也不能夠抵擋秦軍。諸侯畏服秦國，沒有誰敢提倡合縱政策，我私下有個不成熟的計策，認為果真能得到天下的勇士，派往秦國，用重利誘惑秦王，秦王貪婪，其情勢一定能達到我們的願望。果真能夠劫持秦王，讓他全部歸還侵佔各國的土地，像曹沫劫持齊桓公，那就太好了；如不行，就趁勢殺死他。他們秦國的大將在國外獨攬兵權，而國內出了亂子，那麼君臣彼此猜疑，趁此機會，東方各國得以聯合起來，就一定能夠打敗秦國。這是我最高的願望，卻不知道把這使命委託給誰，希望荊卿仔細地考慮這件事。"過了好一會兒，荊軻說："這是國家的大事，我的才能低劣，恐怕不能勝任。"太子上前以頭叩地，堅決請求不要推託，荊軻答應了。當時太子就尊奉荊卿為上卿，住進上等的賓館。太子天天到荊軻的住所拜望。供給貴重的飲食，時不時地還獻上奇珍異物，車馬美女任荊軻隨心所欲，以便滿足他的心意。

過了很長一段時間，荊軻仍沒有行動的表示。這時，秦將王翦已經攻破趙國的都城，俘虜了趙王，把趙國的領土全部納入秦國的版圖。大軍挺進，向北奪取土地，直到燕國南部邊界。太子丹害怕了，於是請求荊軻說："秦國軍隊早晚之間就要橫渡易水，那時即使我想要長久地侍奉您，怎麼能辦得到呢！"荊軻說："太子就是不說，我也要請求行動了。現在到秦國去，沒有讓秦王相信我的東西，那麼秦王就不可以接近。那樊將軍，秦王懸賞黃金千斤、封邑萬戶來購買他的腦袋。果真得到樊將軍的腦袋和燕國督亢的地圖，獻給秦王，秦王一定高興接見我，這樣我才能夠有機會報效您。"太子說："樊將軍到了窮途末路才來投奔我，我不忍心為自己私利而傷害這位長者的心，希望您考慮別的辦法吧！"

荊軻明白太子不忍心，於是就私下會見樊於期說："秦國對待將軍可以說是太殘酷了，父母、家族都被殺盡。如今聽說用黃金千斤、封邑萬戶，購買將軍的首級，您打算怎麼辦呢？"於期仰望蒼天，歎息流淚說："我每每想到這些，就痛入骨髓，卻想不出辦法來！"

荊軻說："現在有一句話可以解除燕國的禍患，洗雪將軍的仇恨，怎麼樣？"於期湊向前說："怎麼辦？"荊軻說："希望得到將軍的首級獻給秦王，秦王一定會高興地召見我，我左手抓住他的衣袖，右手用匕首直刺他的胸膛，那麼將軍的仇恨可以洗雪，而燕國被欺凌的恥辱可以滌除了，將軍是否有這個心意呢？"樊於期脫掉一邊衣袖，露出臂膀，一隻手緊緊握住另一隻手腕，走近荊軻說："這是我日日夜夜切齒碎心的仇恨，今天才聽到您的教誨！"於是就自刎了。太子聽到這個消息，駕車奔馳前往，趴在屍體上痛哭，極其悲哀。已經沒法挽回，於是就把樊於期的首級裝到匣子裏密封起來。

當時太子已預先尋找最鋒利的匕首，找到趙國徐夫人的匕首，花了百金買下它，讓工匠用毒水淬它，用人試驗，只要見一絲兒血，沒有不立刻死的。於是就準備行裝，送荊軻出發。燕國有位勇士叫秦舞陽，十三歲上就殺人，別人都不敢正面對着看他。於是就派秦舞陽作助手。荊軻等待一個人，打算一道出發；那個人住得很遠，還沒趕到，而荊軻已替那個人準備好了行裝。又過了些日子，荊軻還沒有出發，太子認為他拖延時間，懷疑他反悔，就再次催請說："日子不多了，荊卿有動身的打算嗎？請允許我派遣秦舞陽先行。"荊軻發怒，斥責太子說："太子這樣派遣是甚麼意思？只顧去而不顧完成使命回來，那是沒出息的小子！況且是拿一把匕首進入難以測度的強暴的秦國。我所以暫留的原因，是等待另一位朋友同去。眼下太子認為我拖延了時間，那就告辭決別吧！"於是就出發了。

太子及賓客中知道這件事的，都穿着白衣戴着白帽為荊軻送行。到易水岸邊，餞行以後，上路，高漸離擊筑，荊軻和着節拍唱歌，發出蒼涼淒惋的聲調，送行的人都流淚哭泣，一邊向前走一邊唱道："風蕭蕭兮易水寒，壯士一去兮不復還！"復又發出慷慨激昂的聲調，送行的人們怒目圓睜，頭髮直豎，把帽子都頂起來。

於是荊軻就上車走了，始終連頭也不回。一到秦國，荊軻帶着價值千金的禮物，厚贈秦王寵倖的臣子中庶子蒙嘉。蒙嘉替荊軻先在秦王面前說："燕王確實因大王的威嚴震懾得心驚膽顫，不敢出動軍隊抗拒大王，情願做秦國的臣子，得以奉守先王的宗廟。因為

惶恐畏懼不敢親自前來。謹此砍下樊於期的首級並獻上燕國督亢地區的地圖，裝匣密封。派出使臣把這種情況稟明大王，敬請大王指示。"秦王聽到這個消息，非常高興，就穿上了禮服，安排了極為隆重的九賓儀式，在咸陽宮召見燕國使者。荊軻捧着樊於期的首級，秦舞陽捧着地圖匣子，按照正、副使的次序前進，走到殿前台階下秦舞陽臉色突變，害怕得發抖，大臣們都感到奇怪。荊軻回頭朝秦舞陽笑笑，上前謝罪說："北方藩屬蠻夷之地的粗野人，沒有見過天子，所以心驚膽顫。希望大王寬容他。"秦王對荊軻說："遞上舞陽拿的地圖。"荊軻取過地圖獻上，秦王展開地圖，圖卷展到盡頭，匕首露出來。荊軻趁機左手抓住秦王的衣袖，右手拿匕首直刺。未及近身，秦王大驚，自己抽身跳起，衣袖掙斷，慌忙抽劍，劍長，只是抓住劍鞘。一時驚慌急迫，劍又套得很緊，所以不能立刻拔出。荊軻追趕秦王，秦王繞柱奔跑。大臣們嚇得發呆，突然發生意外事變，大家都失去常態。而秦國的法律規定，殿上侍從大臣不允許攜帶任何兵器；各位侍衛武官也只能拿着武器都依序守衛在殿外，沒有皇帝的命令，不准進殿。正當危急時刻，來不及傳喚下邊的侍衛，因此荊軻能夠追趕秦王。倉促之間，驚慌急迫，沒有用來攻擊荊軻的武器，只能赤手空拳和荊軻搏擊。這時，侍從醫官夏無且用他所捧的藥袋投擊荊軻。正當秦王圍着柱子跑，倉猝慌急，不知如何是好的時候，侍從們喊道："大王，把劍推到背後！"秦王把劍推到背後，才拔出寶劍攻擊荊軻，砍斷他的左腿。荊軻殘廢，就舉起他的匕首直接投刺秦王，沒有擊中，卻擊中了銅柱。秦王接連攻擊荊軻，荊軻被刺傷八處。荊軻自知大事不能成功了，就倚在柱子上大笑，張開兩腿像簸箕一樣坐在地上罵道：“大事之所以沒能成功，是因為我想活捉你，迫使你訂立歸還諸侯們土地的契約回報太子。”這時侍衛們衝上前來殺死荊軻，而秦王也不高興了好一會兒。過後評論功過，賜給夏無且黃金二百鎰，説：“無且愛我，才用藥袋投擊荊軻啊。”

於是秦王大發雷霆，增派軍隊前往趙國，命令王翦的軍隊去攻打燕國，十月攻克了薊城。燕王喜、太子丹等率領着全部精鋭部隊向東退守遼東。秦將李信緊緊地追擊燕王，代王嘉就寫信給燕王喜説：“秦軍之所以追擊燕軍特別急迫，是因為太子丹的緣故。現在您如果殺掉太子丹，把他的人頭獻給秦王，一定會得到秦王寬恕。”此後李信率軍追趕太子丹，太子丹隱藏在衍水河中，燕王就派使者殺了太子丹，準備把他的人頭獻給秦王。秦王又進軍攻打燕國。此後五年，秦國終於滅掉了燕國，俘虜了燕王喜。

第二年，秦王吞併了天下，立號為皇帝。於是通緝太子丹和荊軻的門客，門客們都潛逃了。高漸離更名改姓給人家當酒保，隱藏在宋子這個地方做工。時間長了，覺得很勞累，聽到主人家堂上有客人擊筑，走來走去捨不得離開。常常張口就説：“那筑的聲調有好的地方，也有不好的地方。”侍候的人把高漸離的話告訴主人，説：“那個傭工懂得音樂。”家主人叫高漸離到堂前擊筑，滿座賓客都説他擊得好，賞給他酒喝。

高漸離考慮到長久隱姓埋名，擔驚受怕地躲藏下去沒有盡頭，便退下堂來，把自己的筑和衣裳從行裝匣子裏拿出來，改裝整容來到堂前，滿座賓客大吃一驚，離開座位用平等的禮節接待他，尊為上賓。請他擊筑唱歌，賓客們聽了，沒有不被感動得流着淚而離去的。宋子城裏的人輪流請他去做客，這消息被秦始皇聽到。秦始皇令召見他，有認識他的人，就說：“這是高漸離。”秦始皇憐惜他擅長擊筑，特別赦免了他的死罪。於是薰瞎了他的眼睛，讓他擊筑，沒有一次不説好。漸漸地更加接近秦始皇。高漸離便把鉛放進筑中，再進宮擊筑靠近時，舉筑撞擊秦始皇，沒有擊中。於是秦始皇就殺了高漸離。終身不敢再接近從前東方六國的人了。

第七篇　伍子胥

　　伍子胥，是楚國人，名員。伍員的父親叫伍奢，哥哥叫伍尚。祖先叫伍舉，因為侍奉楚莊王時剛直諫諍而顯貴，所以他的後代子孫在楚國很有名氣。

　　楚平五有個太子叫建，派伍奢做他的太傅。費無忌做他的少傅。費無忌對太子建不忠心。平王派無忌到秦國為太子建娶親。因為秦女長得姣美，無忌就急忙趕回來報告平王說：“這是個絕代美女，大王可以自己娶了她，再給太子另外娶個媳婦。”平王就自己娶了秦女，極度地寵愛她，生了個兒子叫軫，另給太子建娶親。

　　費無忌用秦國美女向楚平王獻媚以後，就趁機離開了太子去侍奉平王。又擔心有一天平王死了，太子建繼位殺了自己，竟因此詆譭太子建。太子建的母親，是蔡國人，楚平王不寵愛她。平王也越來越疏遠太子建，派太子建駐守城父，防守邊疆。

　　不久，無忌又沒日沒夜地在平王面前說太子建的壞話，他說：“太子因為秦女的原因，不會沒有怨恨情緒，希望大王自己稍微防備着點。自從太子駐守城父以後，統率着軍隊，對外和諸侯交往，將要進入都城作亂了。”楚平王就把他的太傅伍奢召回來審問。伍奢知道無忌在平王面前說了太子的壞話，因此說：“大王怎麼能僅僅憑撥弄事非的小人之臣的壞話，就疏遠骨肉至親呢？”無忌說：“大王現在不制止，他們的陰謀就要得逞，大王將要被逮捕了！”於是平王發怒，把伍奢囚禁起來，同時命令城父司馬奮揚去殺太子建。還沒走到，奮揚派人提前告訴太子：“太子趕快離開，要不然，將被殺死。”於是太子建逃到宋國去了。

　　無忌對平王說：“伍奢有兩個兒子，都很賢能，不殺掉他們，將成為楚國的禍害。可以用他父親作人質，把他們召來。”平王就派使臣對伍奢說：“能把你兩個兒子叫來，就能活命，不叫來，就處死。”伍奢說：“伍尚為人寬厚仁慈，叫他，一定能來；伍員桀驁不訓，忍辱負重，能成就大事，他知道來了一塊被擒，勢必不來。”平王不聽，派人召伍奢兩個兒子，說：“來，我使你父親活命；不來，現在就殺死伍奢。”伍尚打算前往，伍員說：“楚王召我們兄弟，並不打算讓我們父親活命，擔心我們逃跑，產生後患，所以，用父親作人質，欺騙我們。我們一到，就要和父親一塊處死。對父親的死有甚麼好處呢？去了，就叫我們報不成仇了。不如逃到別的國家去，借助別國的力量洗雪父親的恥辱。一塊去死，沒有意義呀。”伍尚說：“我知道去了最後也不能保全父親的性命。可是只恨父親召我們是為了求得生存，要不去，以後又不能洗雪恥辱，終會被天下人恥笑。”對伍員說：“你可以逃走，你能報殺父之仇，我將要就身去死。”伍尚接受逮捕後，使臣又要逮捕伍子胥，伍子胥拉滿了弓，箭對準使者，使者不敢上前，伍子胥就逃跑了。他聽說太子建在宋國，就前去追隨他。伍奢聽說子胥逃跑了，說：“楚國君臣將要苦於戰火了。"伍尚來到楚都，楚平王就把伍尚和伍奢一塊殺害了。

伍子胥到宋國以後，正好遇上宋國華氏作亂，就和太子建一同逃到鄭國去。鄭國君臣對他們很友好。太子建又前往晉國，晉頃公說："太子既然跟鄭國的關係友好，鄭國信任太子，太子要能給我們作內應，我們從外面進攻，一定能滅掉鄭國，滅掉鄭國，就把它分封給太子。"於是太子回到鄭國。舉事的時機還沒成熟，正趕上太子因為個人私事打算殺掉一個跟隨他的人，這個人知道太子的計劃，就把它告訴鄭國。鄭定公和子產殺死了太子建。建有個兒子叫勝。伍子胥害怕了，就和勝一同逃奔吳國。到了昭關，昭關的官兵要捉拿他們，於是，伍子胥和勝各自隻身徒步逃跑，差一點不能脫身。追兵在後，到江邊，江上有一個漁翁乘着船，知伍子胥很危急，就渡伍子胥過江。伍子胥過江後，解下隨身帶的寶劍說："這把劍價值百金，把它送給你老人家。"漁翁說："按照楚國的法令，抓到伍子胥的人，賞給糧食五萬石，封給執珪的爵位，難道是僅僅值百金的寶劍嗎？"不肯接受。伍子胥還沒逃到吳國京城，就得了病，在中途停下來，討飯吃。到達吳都，吳王僚剛剛當權執政，公子光做將軍。伍子胥就通過公子光的關係求見吳王。

過了很久，楚平王因為楚國邊邑鍾離和吳國邊邑卑梁氏都養蠶，兩地的女子為爭採桑葉相互撕打，就大發雷霆，以至於兩國起兵相互攻打。吳國派公子光攻打楚國，攻克了楚國的鍾離、居巢就回去了。伍子胥勸説吳王僚説：“楚國是可以打敗的，希望再派公子去。”公子光對吳王説：“那伍子胥的父兄被楚國殺死，勸大王攻打楚國，是為了報他的私仇。攻打楚國未必可以打敗它呀。”伍子胥知道公子光在國內有野心，想殺死吳王僚而自立為君，不可以用對外的軍事行動勸説他，就向公子光推薦了專諸，離開朝廷，和太子建的兒子勝到鄉下種地去了。

五年以後，楚平王死了。當初，平王從太子建那兒奪來的秦國美女生了一個兒子叫軫，等平王一死，軫竟然繼平王即位，這就是昭王。吳王僚趁着楚國辦喪事，派燭庸、蓋餘二公子領兵襲擊楚國。楚國出兵切斷了吳國軍隊的後路，使吳軍不能回國。吳國國內空虛，公子光就命令專諸暗殺了吳王僚，自立為王，這就是吳王闔廬。闔廬自立以後，願望實現了，就召回伍員，官拜為行人，和他共同策劃國事。

楚國殺了大臣郤宛、伯州犂，伯州犂的孫子伯嚭逃到吳國，吳國也用伯嚭做了大夫。先前，吳王僚派遣攻打楚國的兩位公子，後路被切斷不能回國，後來聽説闔廬殺死吳王僚自立為王的消息，於是帶領着軍隊，投降了楚國，楚國把舒地封給了他們。闔廬自立為王的第三年，就發動軍隊和伍子胥、伯嚭攻打楚國，佔領了舒地，捉住了原來背叛吳國的兩個將軍。因而闔廬想乘勝進兵郢都，將軍孫武説：“百姓太疲憊了，不可以，暫切等待吧。”就收兵回國了。

闔廬四年（前 511），吳國攻打楚國，奪取了六地和灊（潛）地。闔廬五年，攻打越國，並戰敗了它。闔廬六年，楚昭王派公子囊瓦領兵攻打吳國。吳國派伍子胥迎戰，在豫章打敗了楚國的軍隊，奪取了楚國的居巢。

闔廬九年（前 506），吳王闔廬對子胥、孫武說："當初你們說郢都不可攻入，現在的情形怎麼樣呢？"子胥、孫武回答說："楚國將軍囊瓦貪財，唐國和蔡國都怨恨他。大王一定要大規模地進攻楚國，必須先要得到唐國和蔡國的幫助才行。"闔廬聽從了他們的意見，出動了全部軍隊和唐國、蔡國共同攻打楚國，和楚國軍隊在漢水兩岸列兵對陣。吳王的弟弟夫概帶領着軍隊請求相隨出征，吳王不答應，夫概就用自己屬下五千人攻擊楚將子常，子常戰敗逃跑，直奔宋國。於是，吳軍乘勝挺進，經過五次戰役，就打到了郢都。己卯日，楚昭王出逃。第二天，吳王進入郢都。

楚昭王出逃，進入雲楚大澤；昭王遭到強盜的襲擊，昭王又逃到鄖地。鄖公的弟弟懷說："平王殺死了我們的父親，我們殺死他的兒子，不也可以嗎？"鄖公擔心他的弟弟殺死昭王，就和昭王一塊逃到隨地。吳兵包圍了隨地，對隨地人說："在漢水流域的周朝子孫，被楚國全部消滅了。"隨人要殺昭王，王子綦把他藏起來，自己冒充昭王來搪塞他們。隨人算了一卦，卦象表明把昭王交給吳軍，不吉利，就謝絕吳國，不交昭王。

當初，伍子胥和申包胥是至交的朋友，伍子胥逃跑時，對包胥說："我一定要顛覆楚國。"包胥說："我一定要保存楚國。"等到吳兵攻進郢都，伍子胥搜尋昭王，沒有找到，就挖開楚平王的墳，拖出他的屍體，鞭打了三百下才停手。申包胥逃到山裏，派人去對伍子胥說：“您這樣報仇，太過分了！我聽說：‘人多可以勝天，天公降怒也能毀滅人。’您原來是平王的臣子，親自稱臣侍奉過他，如今弄到侮辱死人的地步，這難道不是傷天害理到極點了嗎！”伍子胥對來人說：“你替我告訴申包胥說：‘我就像太陽落山的時候，路途還很遙遠。所以，我要逆情背理地行動。’”於是申包胥跑到秦國去報告危急情況，向秦國求救，秦國不答應。申包胥站在秦國的朝廷上，日夜不停地痛哭，他的哭聲七天七夜沒有中斷。秦哀公同情他，說：“楚王雖然是無道昏君，有這樣的臣子，能不保存楚國嗎？”就派遣了五百輛戰車拯救楚國，攻打吳國。六月間，在稷地打敗吳國的軍隊。正趕上吳王長時間地留在楚國尋找楚昭王，闔廬的弟弟夫概逃回國內，自立為王。闔廬聽到這個消息，就棄楚國趕回去，攻打他的弟弟夫概。夫概兵敗，跑到楚國。楚昭王見吳國內部發生變亂，又打回郢都，把堂谿封給夫概，叫做堂谿氏。楚國再次和吳軍作戰，打敗吳軍，吳王就回國了。

又過了兩年，闔廬派太子夫差領兵攻打楚國，奪取番地。楚國害怕吳國軍隊再次大規模地進攻，就離開郢城，遷都鄀邑。吳國用伍子胥、孫武的戰略，向西打敗了強大的楚國，向北威鎮齊國、晉國，向南降服了越國。夫差攻楚取得鄱陽以後四年，孔子任魯國國相。

又過了五年，吳軍攻打越國。越王句踐率兵迎戰，在姑蘇打敗吳軍，擊傷了吳王闔廬的腳趾，吳軍退卻。闔廬創傷發作，很嚴重，快要死的時候對太子夫差說：「你能忘掉句踐殺你父親嗎？」夫差回答說：「不敢忘記。」當天晚上，闔廬就死了。夫差繼位以後，任用伯嚭做太宰，操練士兵。二年後攻打越國，在夫湫打敗越國的軍隊，越王句踐就帶殘兵敗將棲息在會稽山上，派大夫文種用重禮贈送太宰嚭請求媾和，把國家政權託付給吳國，甘心做吳國的奴僕。吳王將要答應越國的請求，伍子胥規勸說：「越王句踐為人能含辛茹苦，如今，大王要不一舉殲滅他，今後一定會後悔。」吳王不聽伍子胥的規勸，而採納了太宰嚭的計策，和越國議和。

和越國議和以後五年，吳王聽說齊景公死了，大臣們爭權奪利，新立的國君軟弱，就出動軍隊向北攻打齊國。伍子胥規勸說：「句踐一餐沒有兩味葷菜，哀悼死去的、慰問有病的，將打算有所作為。這個人不死，一定是吳國的禍患。現在吳國有越國在身邊，就像得了心腹疾病。大王不先剷除越國卻一心致力攻打齊國，不是很荒謬的嗎？」吳王不聽伍子胥的規勸，攻打齊國。在艾陵把齊國軍隊打得大敗，於是懾服了鄒國和魯國的國君而回國。從此，就越來越少地聽從伍子胥的計謀了。

此後四年，吳王將要北上攻打齊國，越王句踐採用子貢的計謀，就帶領着他的人馬幫助吳國作戰，把貴重的寶物敬獻給太宰嚭。太宰嚭多次接受了越國的賄賂。就特別喜歡越國，時不時在吳王面前替越國說好話。吳王總採納太宰嚭的計謀。伍子胥規勸吳王説：
"越國，是心腹大患，現在相信那虛飾狡詐欺騙之詞，
貪圖齊國。攻克齊國，好比佔領了一塊石田，絲毫沒
有用處。況且《盤庚之誥》上説：'有破壞禮法，不恭
王命的就要徹底割除滅絕他們，使他們不能夠傳宗接
代，不要讓他們在這個城邑裏把好人影響壞了。'這就
是商朝興盛的原因。希望大王放棄齊國，先攻打越國；
如不這樣，今後悔恨也來不及了。"吳王不聽伍子胥的
勸告，卻派他出使齊國。子胥臨行，對他兒子説："我
屢次規勸大王，大王不聽。吳國的末日到了，你和吳
國一起毀滅，沒有好處。"就把他的兒子託付給齊國的
鮑牧，而返回吳國向吳王報告。

吳國太宰嚭和伍子胥在感情上產生裂痕以後，就
趁機在吳王面前説他的壞話："子胥為人強硬兇惡，沒
有情義，猜忌狠毒，他的怨恨恐怕要釀成深重的災難。
前次大王要攻打齊國，子胥認為不可以，大王終於發
兵並且取得了重大的勝利，子胥因自己計謀沒被採用
感到羞恥，反而產生了怨恨情緒。如今大王又要再次
攻打齊國，伍子胥又獨斷固執，強行諫阻，敗壞、詆
毀大王的事業，只希望吳國戰敗來證明自己的計謀高
明。現在大王親自出征，出動全國的武裝力量攻打齊
國，而伍子胥的勸諫不被採納，因此就中止上朝，假
裝有病不隨大王出征。大王不可不戒備，這是很容易
引起禍端的。況且我派人暗中探查，他出使齊國，就
把他的兒子託付給齊國的鮑氏。做人臣子，在國內不
得意，就在外依靠諸侯，自己認為是先王的謀臣，現

在不被信用，時常鬱鬱不樂，產生怨恨情緒。希望大王對這件事早日想辦法。"吳王說："沒有你這番話，我也懷疑他了。"就派使臣把屬鏤寶劍賜給伍子胥，說："你用這把寶劍自殺。"伍子胥仰望天空歎息說："唉！讒言小人伯嚭要作亂，大王反來殺我。我使你父親稱霸。你還沒確定為王位繼承人時，公子們爭着立為太子，我在先王面前冒死相爭，幾乎不能得到太子的職位。你立為太子後，還答應把吳國分一部分給我，我卻不存在你報答的希望，可現在你竟聽信諂媚小人的壞話來殺害長輩。"於是告訴他親近的門客說："你們一定要在我的墳墓上種植梓樹，讓它長大能夠做棺材。挖出我的眼珠懸掛在吳國都城的東門樓上，來看越寇怎樣滅掉吳國。"於是自刎而死，吳王聽到這番話，大發雷霆，就把伍子胥的屍體裝進皮革袋子裏，漂浮在江中。吳國人同情他，在江邊給他修建了祠堂，因此，把這個地方命名叫胥山。

第八篇　孟嘗君

　　孟嘗君，姓田名文。田文的父親叫靖郭君田嬰。
田嬰是齊威王的小兒子、齊宣王庶母所生的弟弟。田
嬰從威王時就任職當權，曾與成侯鄒忌及田忌帶兵去
救援韓國攻伐魏國。後來成侯與田忌爭着得到齊王的
寵信而嫌隙很深，結果成侯出賣了田忌。田忌很害怕，
就偷襲齊國邊境的城邑，沒拿下，便逃跑了。這時正
趕上齊威王去世，宣王立為國君，宣王知道是成侯陷
害田忌，就又召回了田忌並讓他做了將領。宣王二年
（前 341），田忌跟孫臏、田嬰一起攻打魏國，在馬陵
戰敗魏國，俘虜了魏太子申殺了魏國將領龐涓。宣王
七年（前 336），田嬰奉命出使韓國和魏國，經過他的
一番活動使韓國、魏國歸服於齊國。田嬰陪着韓昭侯、
魏惠王會見齊宣王，三國結盟締約後便離開了。第二
年，宣王又與梁惠王在甄地盟會。這一年，梁惠王去
世。宣王九年（前 334），田嬰任齊國宰相。齊宣王與
魏襄王在徐州盟會互相尊稱為王。楚威王得知這件事，
對田嬰很惱火，認為是他一手策劃的。第二年，楚國
進攻齊國，在徐州戰敗了齊國軍隊，便派人追捕田嬰。
田嬰派張丑去勸說楚威王，楚威王才算罷休。田嬰在
齊國任相十一年，宣王去世，湣王立為國君。湣王即
位三年，賜封田嬰於薛邑。

　　當初，田嬰有四十多個兒子，他的小妾生了個兒

子叫文，田文是五月五日出生的。田嬰告訴田文的母親說："不要養活他。"可是田文的母親還是偷偷把他養活了。等他長大後，他的母親便通過田文的兄弟把田文引見給田嬰。田嬰見了這個孩子憤怒地對他母親說："我讓你把這個孩子扔了，你竟敢把他養活了，這是為甚麼？"田文的母親還沒回答，田文立即叩頭大拜，接着反問田嬰說："您不讓養育五月生的孩子，是甚麼緣故？"田嬰回答說："五月出生的孩子，長大了身長跟門戶一樣高，會害父母的。"田文說："人的命運是由上天授予呢？還是由門戶授予呢？"田嬰不知怎麼回答好，便沉默不語。田文接着說："如果是由上天授予的，您何必憂慮呢？如果是由門戶授予的，那麼只要加高門戶就可以了，誰還能長到那麼高呢！"田嬰無言以對便斥責道："你不要說了！"過了一些時候，田文趁空問他父親說："兒子的兒子叫甚麼？"田嬰答道："叫孫子。"田文接着問："孫子的孫子叫甚麼？"田嬰答道："叫玄孫。"田文又問："玄孫的孫叫甚麼？"田嬰說："我不知道了。"田文說："您執掌大權擔任齊國宰相，到如今已經歷三代君王了，可是齊國的領土沒有增廣，您的私家卻積貯了萬金的財富，門下也看不到一位賢能之士。我聽說，將軍的門庭必出將軍，宰相的門庭必有宰相。現在您的姬妾可以踐踏綾羅綢緞，而賢士卻穿不上粗布短衣；您的男僕女奴有剩餘的飯食肉羹，而賢士卻連糠菜也吃不飽。現在您還一個勁地積貯，想留給那些連稱呼都叫不上來的人，卻忘記國家在諸侯中一天天失勢。我是很奇怪的。"從此以後，田嬰改變了對田文的態度，器重他，讓他主持家政，接待賓客。賓客來往不斷，日益增多，田文的名聲隨之傳播到各諸侯國中。各諸侯國都派人來請求田嬰立田文為太子，田嬰答應下來。田嬰去世後，追諡靖郭君。田文果然在薛邑繼承了田嬰的爵位。這就是孟嘗君。

孟嘗君在薛邑，招攬各諸侯國的賓客以及犯罪逃亡的人，很多人歸附了孟嘗君。孟嘗君寧肯捨棄家業也給他們豐厚的待遇，因此使天下的賢士無不傾心嚮往。他的食客有幾千人，待遇不分貴賤一律與田文相同。孟嘗君每當接待賓客，與賓客坐着談話時，總是在屏風後安排侍史，讓他記錄孟嘗君與賓客的談話內容，記載所問賓客親戚的住處。賓客剛剛離開，孟嘗君就已派使者到賓客親戚家裏撫慰問候，獻上禮物。有一次，孟嘗君招待賓客吃晚飯，有個人遮住了燈光，那個賓客很惱火，認為飯食的質量肯定不相等，放下碗筷就要辭別而去。孟嘗君馬上站起來，親自端着自己的飯食與他的相比，那個賓客慚愧得無地自容，就以刎頸自殺表示謝罪。賢士們因此有很多人都情願歸附孟嘗君。孟嘗君對於來到門下的賓客都熱情接納，不挑揀，無親疏，一律給予優厚的待遇。所以賓客人人都認為孟嘗君與自己親近。

秦昭王聽說孟嘗君賢能，就先派涇陽君到齊國作人質，並請求見到孟嘗君。孟嘗君準備去秦國，而賓客都不贊成他出行，規勸他，他不聽，執意前往。這時有個賓客蘇代對他說：「今天早上我從外面來，見到一個木偶人與一個土偶人正在交談。木偶人說：'天一下雨，你就要坍毀了。'土偶人說：'我是由泥土生成的，即使坍毀，也要歸回到泥土裏。若天真的下起雨來，水流沖着你跑，可不知把你沖到哪裏去了。'當今的秦國，是個如虎似狼的國家，而您執意前往，如果一旦回不來，您能不被土偶人嘲笑嗎？"孟嘗君聽後，悟出了個中道理，才停止了出行的準備。

齊湣王二十五年（前299），孟嘗君終於到了秦國，秦昭王立即讓孟嘗君擔任秦國宰相。臣僚中有的人勸說秦王道："孟嘗君的確賢能，可他又是齊王的同宗，現在任秦國宰相，謀劃事情必定是先替齊國打算，而後才考慮秦國，秦國可要危險了。"於是秦昭王就罷免了孟嘗君的宰相職務。他把孟嘗君囚禁起來，圖謀殺掉孟嘗君。孟嘗君知道情況危急就派人冒昧地去見昭王的寵妾請求解救。那個寵妾提出條件說："我希望得到孟嘗君的白色狐皮裘。"孟嘗君來的時候，帶有一件白色狐皮裘，價值千金，天下沒有第二件，到秦國後獻給了昭王，再也沒有別的皮裘了。孟嘗君為這件事發愁，問遍了賓客，誰也想不出辦法。有一位能力差但會披狗皮盜東西的人，說："我能拿到那件白色狐皮裘。"於是當夜化裝成狗，鑽入了秦宮中的倉庫，取出獻給昭王的那件白狐裘，拿回來獻給了昭王的寵妾。寵妾得到後，替孟嘗君向昭王說情，昭王便釋放了孟嘗君。

孟嘗君獲釋後，立即乘快車逃離，更換了證件，改了姓名逃出城關。夜半時分到了函谷關。昭王後悔放出了孟嘗君，再尋找他，他已經逃走了，就立即派人駕上傳車飛奔而去追捕他。孟嘗君一行到了函谷關，按照關法規雞叫時才能放來往客人出關，孟嘗君恐怕追兵趕到萬分着急，賓客中有個能力較差的人會學雞叫，他一學雞叫，附近的雞隨着一齊叫了起來，便立即出示了證件逃出函谷關。出關後約摸一頓飯的工夫，秦國追兵果然到了函谷關，但已落在孟嘗君的後面，就只好回去了，當初，孟嘗君把這兩個人安排在賓客中的時候，賓客無不感到羞恥，覺得臉上無光，等孟嘗君在秦國遭到劫難，終於靠着這兩個人解救了他。自此以後，賓客們都佩服孟嘗君廣招賓客不分人等的做法。

孟嘗君經過趙國，趙國平原君以貴賓相待。趙國人聽說孟嘗君賢能，都出來圍觀想一睹風采，見了後便都嘲笑説：“原來以為孟嘗君是個魁梧的大丈夫，如今看到他，竟是個瘦小的男人罷了。”孟嘗君聽了這些揶揄他的話，大為惱火。隨行的人跟他一起跳下車來，砍殺了幾百人，毀了一個縣才離去。

齊湣王因為派遣孟嘗君去秦國而感到內疚。孟嘗君回到齊國後，齊王就讓他做齊國宰相，執掌國政。

孟嘗君怨恨秦國，準備以齊國曾幫助韓國、魏國攻打楚國為理由，來聯合韓國、魏國攻打秦國，為此向西周借兵器和軍糧。蘇代替西周對孟嘗君説：“您拿齊國的兵力幫助韓國、魏國攻打楚國達九年之久，取得了宛、葉以北的地方，結果使韓、魏兩國強大起來，如今再去攻打秦國就會越加增強了韓、魏的力量。韓國、魏國南邊沒有楚國憂慮，北邊沒有秦國的禍患，那麼齊國就危險了。韓、魏兩國強盛起來必定輕視齊國而畏懼秦國，我實在替您對這種形勢感到不安。您不如讓西周與秦國深切交好，您不要進攻秦國，也不要借兵器和糧食。您把軍隊開臨函谷關但不要進攻，讓西周把您的心情告訴給秦昭王說'薛公一定不會攻破秦國來增強韓、魏兩國的勢力。他要進攻秦國，不過是想要大王責成楚國把東國割給齊國，並請您把楚懷王釋放出來以相媾和。'您讓西周用這種做法給秦國好處，秦國能夠不被攻破又拿楚國的地盤保全了自己，秦國必定情願這麼辦。楚王能夠獲釋，也一定感激齊國。齊國得到東國自然會日益強大，薛邑也就會世世代代沒有憂患了。秦國並非很弱，它有一定實力，而處在韓國、魏國的西鄰，韓、魏兩國必定依重齊國。"薛公聽了後，立即說："好。"於是讓韓、魏向秦國祝賀，避免了一場兵災，使齊、韓、魏三國不再發兵進攻，也不向西周借兵器和軍糧了。這個時候，楚懷王已經到了秦國，秦國扣留了他，所以孟嘗君還是要秦國一定放出楚懷王。但是秦國並沒有這麼辦。

孟嘗君任齊國宰相時，一次他的侍從魏子替他去收封邑的租稅，三次往返，結果一次也沒把租稅收回來。孟嘗君問他這是甚麼緣故，魏子回答說："有位賢德的人，我私自借您的名義把租稅贈給了他，所以沒有收回來。"孟嘗君聽後發了火一氣之下辭退了魏子。幾年之後，有人向齊湣王造孟嘗君的謠言說："孟嘗君將要發動叛亂。"等到田君甲劫持了湣王，湣王便猜疑是孟嘗君策劃的，為避免殃禍孟嘗君出逃了。曾經得到魏子贈糧的那位賢人聽說了這件事，就上書給湣王申明孟嘗君不會作亂，並請求以自己的生命作保，於是在宮殿門口刎頸自殺，以此證明孟嘗君的清白。湣王為之震驚，便追查考問實際情況，孟嘗君果然沒有叛亂陰謀，便召回了孟嘗君。孟嘗君因此推託有病，要求辭官回薛邑養老。湣王答應了他的請求。

此後，秦國的逃亡將領呂禮擔任齊國宰相，他要陷蘇代於困境。蘇代就對孟嘗君說：“周最對於齊王，是極為忠誠的，可是齊王把他驅逐了，而聽信親弗的意見讓呂禮做宰相，其原因就是打算聯合秦國。齊國、秦國聯合，那麼親弗與呂禮就會受到重用了。他們受到重用，齊國、秦國必定輕視您。您不如急速向北進軍，促使趙國與秦、魏講和，招回周最來顯示您的厚道，還可以挽回齊王的信用，又能防止因齊、楚聯合將造成各國關係的變化。齊國不去依傍秦國，那麼各諸侯都會靠攏齊國，親弗勢必出逃，這樣一來，除了您之外，齊王還能跟誰一起治理他的國家呢？”

後來，齊湣王滅掉了宋國，愈加驕傲起來，打算除掉孟嘗君。孟嘗君很恐懼，就到了魏國。魏昭王任用他做宰相，同西邊的秦國、趙國聯合，幫助燕國攻打並戰敗了齊國。齊湣王逃到莒，後來就死在那裏。齊襄王即位，當時孟嘗君在諸侯國之間持中立地位，不從屬於哪個君王。齊襄王由於剛剛即位，畏懼孟嘗君，便與孟嘗君和好，與他親近起來。田文去世，諡號稱孟嘗君。田文的幾個兒子爭着繼承爵位，隨即齊、魏兩國聯合共同滅掉了薛邑。孟嘗君絕嗣沒有後代。

當初，馮歡聽說孟嘗君樂於招攬賓客，便穿着草鞋遠道而來見他。孟嘗君說："承蒙先生遠道光臨，有甚麼指教我的？"馮歡回答說："聽說您樂於養士，我只是因為貧窮想歸附您謀口飯吃。"孟嘗君沒再說甚麼便把他安置在下等食客的住所裏，十天後孟嘗君詢問住所的負責人說："客人近來做甚麼了？"負責人回答說："馮先生太窮了，只有一把劍，還是草繩纏着劍把。他時而彈着那把劍唱道'長劍啊，我們回家吧！吃飯沒有魚。'"孟嘗君聽後讓馮歡搬到中等食客的住所裏，吃飯有魚了。過了五天，孟嘗君又向那位負責人詢問馮歡的情況，負責人回答說："客人又彈着劍唱道'長劍啊，我們回去吧！出門沒有車。'"於是孟嘗君又把馮歡遷到上等食客的住所裏，進出都有車子坐。又過了五天，孟嘗君再次詢問那位負責人。負責人回答說："這位先生又彈着劍唱道'長劍啊，我們回家吧！沒有辦法養活家。'"孟嘗君聽了很不高興。

　　過了整一年，馮歡沒再說甚麼。孟嘗君當時正任齊國宰相，受封萬戶於薛邑。他的食客有三千人之多，食邑的賦稅收入不夠供養這麼多食客，就派人到薛邑貸款放債。由於年景一年到頭都不好，沒有收成，借債的人多數不能付給利息，食客的需用將無法供給。對於這種情況，孟嘗君焦慮不安，就問左右侍從："誰可以派往薛邑去收債？"那個住所負責人說："上等食客住所裏的馮老先生從狀貌長相看，很是精明，又是個長者，一定穩重，派他去收債該是合適的。"孟嘗君便迎進馮歡向他請求說："賓客們不知道我無能，光臨我的門下有三千多人，如今食邑的收入不能夠供養賓客，所以在薛邑放了些債。可是薛邑年景不好，沒有收成，百姓多數不能付給利息。賓客吃飯恐怕都成問題了，希望先生替我去索取欠債。"馮歡説："好吧。"便告別了孟嘗君，到了薛邑，他把凡是借了孟嘗君錢的人都集合起來，索要欠債得到利息十萬錢。這筆款項他沒送回去，卻釀了許多酒，買了肥壯的牛，然後召集借錢的人，能付給利息的都來，不能付給利息的也來，要求一律帶着借錢的契據以便核對。隨即讓大家一起參加宴會，當日殺牛燉肉，置辦酒席。宴會上正當大家飲酒盡興時，馮歡就拿着契據走到席前一一核對，能夠付給利息的，給他定下期限；窮得不能付息的，取回他們的契據當眾把它燒毀。接着對大家説："孟嘗君之所以向大家貸款，就是給沒有資金的人提供資金來從事行業生產；他之所以向大家索債，是因為沒有錢財供養賓客。如今富裕有錢還債的約定日期還債，貧窮無力還債的燒掉契據把債務全部廢除。請各位開懷暢飲吧。有這樣的封邑主人，日後怎麼能背棄他呢！"在坐的人都站了起來，連續兩次行跪拜大禮。

孟嘗君聽到馮歡燒毀契據的消息，十分惱怒立即派人召回馮歡。馮歡剛一到，孟嘗君就責問道："我的封地本來就少，而百姓還多不按時還給利息，賓客們連吃飯都怕不夠用，所以請先生去收繳欠債。聽説先生收來錢就大辦酒肉宴席，而且把契據燒掉了。這是怎麼回事？"馮歡回答説："是這樣的。如果不大辦酒肉宴席就不能把債民全都集合起來，也就沒辦法了解誰富裕誰貧窮。富裕的，給他限定日期還債。貧窮的，即使監守着催促十年也還不上債，時間越長，利息越多，到了危急時，就會用逃亡的辦法賴掉債務。如果催促緊迫，不僅終究沒辦法償還，而且上面會認為您貪財好利不愛惜平民百姓，在下面您則會有背離冒犯國君的惡名，這可不是用來鼓勵平民百姓、彰揚您名聲的做法。我燒掉毫無用處徒有其名的借據，廢棄有名無實的賬簿，是讓薛邑平民百姓信任您而彰揚您善良的好名聲啊。您有甚麼可疑惑的呢？”孟嘗君聽後，拍着手連聲道謝。

齊王受到秦國和楚國譭謗言論的蠱惑，認為孟嘗君的名聲壓倒了自己，獨攬齊國大權，終於罷了孟嘗君的官。那些賓客看到孟嘗君被罷了官，一個個都離開了他。只有馮歡為他謀劃説：“借給我一輛可以跑到秦國的車子，我搖撼讓您在齊國更加顯貴，食邑更加寬廣。您看可以嗎？”於是孟嘗君便準備了馬車和禮物送馮歡上了路。馮歡就乘車向西到了秦國遊説秦王説：“天下的遊説之士駕車向西來到秦的，無一不是想要使秦國強大而使齊國削弱的；乘車向東進入齊國的，無一不是要使齊國強大而使秦國削弱的。這是兩個決一雌雄的國家，與對方決不並存的就是強大有力的雄國，是雄國的得天下。”秦王聽得入了神，挺直身子跪着問馮歡説：“您看要使秦國避免成為軟弱無力的國家該怎麼辦才好呢？”馮歡回答説：“大王也知道齊國罷了孟嘗君的官吧？”秦王説：“聽到了這件事。”馮歡説：“使齊國受到天下敬重的，就是孟嘗君。如今齊國國君聽信了譭謗之言而把孟嘗君罷免，孟嘗君心中無比怨憤，必定背離齊國；他背離齊國進入秦國，那麼齊國的國情，朝廷中上至君王下至官吏的狀況都將為秦國所掌握。您將得到整個齊國的土地，豈只是稱雄呢！您趕快派使者載着禮物暗地裏去迎接孟嘗君，不能失掉良機啊。如果齊王明白過來，再度起用孟嘗君，則誰是雌誰是雄還是個未知數。”秦王聽了非常高興，就派遣十輛馬車載着百鎰黃金去迎接孟嘗君。馮歡告別了秦王而搶在使者前面趕往齊國，到了齊國，勸說齊王道：“天下遊說之士駕車向東來到齊的，無一不是想要使齊國強大而使秦國削弱的；乘車向西進入秦國的，無一不是要使秦國強大而使齊國削弱的。秦國與齊國是兩個決一雌雄的國家，秦國強大那麼齊國必定軟弱，這兩個國家勢必不能同時稱雄。現在我私下得知秦國已經派遣使者帶着十輛馬車載着百鎰黃金來迎接孟嘗君了。孟嘗君不西去就罷了，如果西去擔任秦國宰相，那麼天下將歸秦國所有，秦國是強大的雄國，齊國就是軟弱無力的雌國，軟弱無力，那麼臨淄、即墨就危在旦夕了。大王為甚麼不在秦國使者沒到達之前，趕快恢復孟嘗君的官位並給他增加封邑來向他表示道歉呢？如果這麼做了，孟嘗君必定高興而情願接受。秦國雖是強國，豈能夠任意到別的國家迎接人家的宰相呢！要挫敗秦國的陰謀，斷絕它稱強稱霸的計劃。”齊王聽後，頓時明白過來說：“好。”於是派人至邊境等候秦國使者。秦國使者的車子剛入齊國邊境，齊國在邊境的使臣立即轉車奔馳而回報告了這個情況，齊王召回孟嘗君並且恢復了他的宰相官位，同時還給了他原來封邑的土地，又給他增加了千戶。秦國的使者聽說孟嘗君恢復了齊國宰相官位，就轉車回去了。

自從齊王因受讒謗之言的蠱惑而罷免了孟嘗君，那些賓客們都離開了他。後來齊王召回並恢復了孟嘗君的官位，馮歡去迎接他。還沒到京城的時候，孟嘗君深深感歎說：“我素常喜好賓客，樂於養士，接待賓客從不敢有任何失禮之處，有食客三千多人，這是先生您所了解的。賓客們看到我一旦被罷官，都背離我而離去，沒有一個顧念我的。如今靠着先生得以恢復我的宰相官位，那些離去的賓客還有甚麼臉面再見我呢？如果有再見我的，我一定唾他的臉，狠狠地羞辱他。”聽了這番話後，馮歡收住韁繩，下車而行拜禮。孟嘗君也立即下車還禮，說：“先生是替那些賓客道歉嗎？”馮歡說：“並不是替賓客道歉，是因為您的話說錯了。說來，萬物都有其必然的終結，世事都有其常規常理，您明白這句話的意思嗎？”孟嘗君說：“我不明白說的是甚麼意思。”馮歡說：“活物一定有死亡的時候，這是活物的必然歸結；富貴的人多賓客，貧賤的人少朋友，事情本來就是如此。您難道沒看到人們奔向市集嗎？天剛亮，人們向市集裏擁擠，側着肩膀爭奪入口；日落之後，經過市集的人甩着手臂連頭也不回。不是人們喜歡早晨而厭惡傍晚，而是由於所期望得到的東西市中已經沒有了。如今您失去了官位，賓客都離去，不能因此怨恨賓客而平白截斷他們奔向您的通路。希望您對待賓客像過去一樣。”孟嘗君連續兩次下拜說：“我恭敬地聽從您的指教就是了。”

第九篇　淮陰侯韓信

淮陰侯韓信，是淮陰人。當初為平民百姓時，很貧窮，沒有好品行，不能被推選去做官，經常寄居在別人家吃閒飯，人們大多厭惡他。韓信曾經多次前往下鄉南昌亭亭長處吃閒飯，一吃幾個月。亭長的妻子嫌惡他，就提前做好早飯，端到內室牀上去吃。開飯的時候，韓信去了，卻不給他準備飯食。韓信也明白他們的用意，一怒之下，居然離去不再回來。

韓信在城下釣魚，有幾位老大娘漂洗絲絮，其中一位大娘看見韓信餓了，就拿出飯給韓信吃。幾十天都如此，直到漂洗完畢。韓信很高興，對那位大娘説："我一定重重地報答老人家。"大娘生氣地説："大丈夫不能養活自己，我是可憐你這位公子才給你飯吃，難道是希望你報答嗎？"

淮陰屠戶中有個年輕人侮辱韓信説："你雖然長得高大，喜歡帶刀佩劍，其實是個膽小鬼罷了。"又當眾侮辱他説："你要不怕死，就拿劍刺我；如果怕死，就從我胯下爬過去。"於是韓信仔細地打量了他一番，低下身去，趴在地上，從他的胯下爬了過去。滿街的人都笑話韓信，認為他膽小。

等到項梁率軍渡過了淮河，韓信持劍追隨他，在項梁部下，卻沒有名聲。項梁戰敗，又隸屬項羽，項羽讓他做了郎中。他屢次向項羽獻策，以求重用，但項羽沒有採納。漢王劉邦進蜀，韓信脫離楚軍歸順了漢王。因為沒有甚麼名聲，只做了接待賓客的小官。後來犯法判處斬刑，同夥十三人都被殺了，輪到韓信，他抬頭仰視，正好看見滕公，說："漢王不想成就統一天下的功業嗎？為甚麼要斬壯士！" 滕公感到他的話不同凡響，見他相貌堂堂，就放了他。和韓信交談，很

欣賞他，把這事報告漢王，漢王任命韓信為治粟都尉。漢王並沒有察覺他有甚麼出奇超眾的才能。

　　韓信多次跟蕭何談話，蕭何認為他是位奇才。到達南鄭，各路將領在半路上逃跑的有幾十人。韓信揣測蕭何等人已多次向漢王推薦自己，漢王不任用，也就逃走了。蕭何聽說韓信逃跑了，來不及報告漢王，親自追趕他。有人報告漢王說：“丞相蕭何逃跑了。”漢王大怒，如同失去了左右手。過了一兩天，蕭何來拜見漢王，漢王又是惱怒又是高興。罵蕭何道：“你逃跑，為甚麼？”蕭何說：“我不敢逃跑，我去追趕逃跑的人。”漢王說：“你追趕的人是誰呢？”回答說：“是韓信。”漢王又罵道：“各路將領逃跑了幾十人，您沒去追一個；卻去追韓信，騙甚麼人。”蕭何說：“那些將領容易得到，像韓信這樣傑出的人物，普天之下找不出第二個。大王果真長期在漢中稱王，自然用不着韓信，如果一定要爭奪天下，除了韓信就再沒有可以和您商談大事的人了。”漢王說：“我是要向東發展啊，怎麼能長期呆在這裏呢？”蕭何說：“大王能夠重用韓信，韓信就會留下來。”漢王說：“任命他做大將軍。”蕭何說：“太好了。”於是漢王就要把韓信召來任命他。蕭何說：“大王向來對人輕慢，不講禮節，這就是韓信要離去的原因啊。大王決心任命他，要選擇良辰吉日，親自齋戒，設置高壇和廣場，禮儀完備才可以呀。”漢王答應了蕭何的要求。眾將聽到要拜大將都很高興，人人都以為自己要做大將軍了。等到任命大將時，被任命的竟然是韓信，全軍都感到驚訝。

任命韓信的儀式結束後，漢王就座。漢王說：“丞相多次稱道將軍，將軍怎麼樣指教我呢？”韓信謙讓了一番，趁勢問漢王說：“如今向東爭奪天下，難道敵人不是項王嗎？”漢王說：“是。”韓信說：“大王自己估計在勇敢、強悍、仁厚、兵力方面與項王相比，誰強？”漢王沉默了好長時間，說：“不如項王。”韓信拜了兩拜，贊成地說：“我也認為大王比不上他呀。然而，我曾經侍奉過他，請讓我說說項王的為人吧。項王震怒咆哮時，嚇得千百人不敢稍動，但不能放手任用有才能的將領，這只不過是匹夫之勇罷了。項王待人恭敬慈愛，言語溫和，有生病的人，心疼得流淚，將自己的飲食分給他，等到有的人立下戰功，該加封進爵時，把刻好的大印放在手裏玩磨得失去了棱角，捨不得給人，這就是所說的婦人的仁慈啊。項王即使是稱霸天下，使諸侯臣服，但他放棄了關中的有利地形，而建都彭城。又違背了義帝的約定，將自己的親信分封為王，諸侯們憤憤不平。諸侯們看到項王把義帝遷移到江南僻遠的地方，也都回去驅逐自己的國君，佔據了好的地方自立為王。項王軍隊所經過的地方，沒有不橫遭摧殘毀滅的，天下的人大都怨恨，百姓不願歸附，只不過迫於威勢，勉強服從罷了。雖然名義上是霸主，實際上卻失去了天下的民心。所以說他的優勢很容易轉化為劣勢。如今大王果真能夠與他反其道而行，任用天下英勇善戰的人才，有甚麼不可以被誅滅的呢？用天下的城邑分封給有功之臣，甚麼人不心服口服呢？大王理當在漢中做王，關中的百姓都知道這件事，大王失掉了應得的爵位進入漢中，秦地百姓沒有不怨恨的。如今大王發動軍隊向東挺進，只要一道文書秦地就可以平定了。"於是漢王特別高興，自認為得到韓信太晚了，就聽從韓信的謀劃，部署各路將領攻擊的目標。

八月，漢王出兵經過陳倉向東挺進，平定了三秦。漢二年（前205），兵出函谷關，收服了魏王、河南王，韓王、殷王也相繼投降。漢王又聯合齊王、趙王共同攻擊楚軍。到彭城，漢軍兵敗，潰散而回。韓信又收集潰散的人馬與漢王在滎陽會合，在京縣、索亭之間又摧垮楚軍。因此楚軍始終不能西進。

漢軍在彭城敗退之後，塞王欣、翟王翳叛漢降楚，齊和趙國也背叛漢王跟楚和解。六月，魏王豹以探望老母疾病為由請假回鄉，一到封國，立即切斷黃河渡口臨晉關的交通要道，反叛漢王，與楚軍訂約講和。漢王派酈生遊說魏豹，沒有成功。這年八月，漢王任命韓信為左丞相，攻打魏王豹。魏王把主力部隊駐紮在蒲阪，堵塞了黃河渡口臨晉關。韓信就增設疑兵，故意排列開戰船，假裝要在臨晉渡河，而隱蔽的部隊卻從夏陽用木製的盆甕浮水渡河，偷襲安邑。魏王豹驚慌失措，帶領軍隊迎擊韓信，韓信就俘虜了魏豹，平定了魏地，改制為河東郡。漢王派張耳和韓信一起，領兵向東進發。這年閏九月打垮了代國軍隊。在閼與生擒了夏說。韓信攻克魏國，摧毀代國後，漢王就立刻派人調走韓信的精銳部隊，開往滎陽去抵禦楚軍。

韓信和張耳率領幾十萬人馬，攻擊趙國。趙王、成安君陳餘聽說漢軍將要來襲擊趙國，在井陘口聚集兵力，號稱二十萬大軍。廣武君李左車向成安君獻計說：“聽説漢將韓信渡過西河，俘虜魏豹，生擒夏説，新近血洗閼與，如今又以張耳輔助，計議要奪取趙國。這是乘勝利的鋭氣離開本國遠征，其鋒芒不可阻擋。可是，我聽説千里運送糧餉，士兵們就會面帶飢色，臨時砍柴割草燒火做飯，軍隊就不能經常吃飽。眼下井陘這條道路，兩輛戰車不能並行，騎兵不能排成行列，行進的軍隊迤邐數百里，運糧食的隊伍勢必遠遠地落到後邊，希望您臨時撥給我奇兵三萬人，從隱蔽小路攔截他們的糧草，您就深挖戰壕，高築營壘，不與交戰。他們向前不得戰鬥，向後無法退卻，我出奇兵截斷他們的後路，使他們在荒野甚麼東西也搶掠不到，用不了十天，兩將的人頭就可送到將軍帳下。希望您仔細考慮我的計策。否則，一定會被他二人俘虜。”成安君是信奉儒家學説的刻板書生，經常宣稱正義的軍隊不用欺騙詭計，説：“我聽説兵書上講，兵力十倍於敵人，就可以包圍它，超過敵人一倍就可以交戰。現在韓信的軍隊號稱數萬，實際上不過數千。竟然跋涉千里來襲擊我們，已經極其疲憊。如今像這樣迴避不出擊，強大的後續部隊到來，又怎麼對付呢？諸侯們會認為我膽小，就會輕易地來攻打我們。”不採納廣武君的計謀。

　　韓信派人暗中打探，了解到沒有採納廣武君的計謀，回來報告，韓信大喜，才敢領兵進入井陘狹道。離井陘口還有三十里，停下來宿營。半夜傳令出發，挑選了兩千名輕裝騎兵，每人拿一面紅旗，從隱蔽小道上山，在山上隱蔽着觀察趙國的軍隊。韓信告誡説："交戰時，趙軍見我軍敗逃，一定會傾巢出動追趕我軍，你們火速衝進趙軍的營壘，拔掉趙軍的旗幟，豎起漢軍的紅旗。"又讓副將傳達開飯的命令。説："今天打垮了趙軍正式會餐"。將領們都不相信，假意回答道："好。"韓信對手下軍官説："趙軍已先佔據了有利地形築造了營壘，他們看不到我們大將旗幟、儀仗，就不肯攻擊我軍的先頭部隊，怕我們到了險要的地方退回去。"韓信就派出萬人為先頭部隊，背靠河水擺開戰鬥隊列。趙軍遠遠望見，大笑不止。天剛濛濛亮，韓信設置起大將的旗幟和儀仗，大吹大擂地開出井陘口。趙軍打開營壘攻擊漢軍，激戰了很長時間。這時，韓信、張耳假裝拋旗棄鼓，逃回河邊的陣地。河邊陣地的部隊打開營門放他們進去。然後再和趙軍激戰。趙軍果然傾巢出動，爭奪漢軍的旗鼓、追逐韓信、張耳。全軍殊死奮戰，趙軍無法把他們打敗。韓信預先派出去的兩千輕騎兵，等到趙軍傾巢出動去追逐戰利品的時候，就火速衝進趙軍空虛的營壘，把趙軍的旗幟全部拔掉，豎立起漢軍的兩千面紅旗。這時，趙軍已不能取勝，又不能俘獲韓信等人，想要退回營壘，營壘插滿了漢軍的紅旗，大為震驚，以為漢軍已經全部俘獲了趙王的將領，於是軍隊大亂，紛紛落荒潛逃，不能禁止。於是漢兵前後夾擊，徹底摧垮了趙軍，俘虜了大批人馬，在泜水岸邊生擒了趙王歇。

　　韓信傳令全軍，不要殺害廣武君，有能活捉他的賞千金。於是就有人捆着廣武君送到軍營，韓信親自給他解開繩索，請他面向東坐，自己面向西對坐着，像對待老師那樣對待他。

　　眾將獻上首級和俘虜，向韓信祝賀，趁機向韓信說：“兵法上說：‘行軍佈陣應該右邊和背後靠山，前邊和左邊臨水’。這次將軍反而令我們背水列陣，說‘打垮了趙軍正式會餐’，我等並不信服，然而竟真取得了勝利，這是甚麼戰術啊？”韓信回答說：“這也在兵法上，只是諸位沒留心罷了。兵法上不是說‘陷之死地而後生，置之亡地而後存’嗎？況且我平素沒有得到機會訓練諸位將士，這就是所說的‘趕着百姓去打仗’，在這種形勢下不把將士們置之死地，使人人為保全自己非戰不可；如果給他們留有生路，就都跑了，怎麼還能用他們取勝呢？”將領們都點頭佩服。

　　韓信問廣武君說：“我要向北攻打燕國，向東討伐齊國，怎麼才能成功呢？”廣武君推辭說：“我聽說‘打了敗仗的將領，沒資格談論勇敢，亡了國的大夫沒有資格謀劃國家的生存’。而今我是兵敗國亡的俘虜，有甚麼資格計議大事呢？”韓信說：“我聽說，百里奚在虞國而虞國滅亡，在秦國而秦國卻能稱霸，這並不是因為他在虞國愚蠢，而到了秦國就聰明了，而在於國君任用不任用他，採不採納他的意見。果真讓成安君採納了你的計謀，像我韓信也早被生擒了。因為沒採納您的計謀，所以我才能夠侍奉您啊。我傾心聽從你的計謀，希望您不要推辭。”廣武君說：“我聽說，‘智者千慮，必有一失；愚者千慮，必有一得’。所以俗話說：‘狂人的話，聖人也可以選擇’。只恐怕我的計謀不足以採用，但我願獻愚誠，忠心效力。成安君本來有百戰百勝的計謀，然而一旦失掉它，軍隊在鄗城之下戰敗，自己在泜水之上亡身。而今將軍橫渡西河，俘虜魏王，在閼與生擒夏說，一舉攻克井陘，不到一早晨的時間就打垮了趙軍二十萬，誅殺了成安君。名傳四海，威震天下，這些都是將軍在策略上的長處。然而實情暴露，威勢就會減弱，曠日持久，糧食耗盡，而弱小的燕國不肯降服，齊國一定會拒守邊境，以圖自強。燕、齊兩國堅持不肯降服，那麼，劉項雙方的勝負就不能斷定。像這樣，就是將軍戰略上的短處。我的見識淺薄，但我私下認為攻燕伐齊是失策啊。所以，善於帶兵打仗的人不拿自己的短處攻擊敵人的長處。”韓信說：“那應該怎麼辦呢？”廣武君說：“如今為將軍打算，先按兵不動，安定趙國的社會秩序，撫恤陣亡將士的遺孤。方圓百里之內，每天送來的牛肉美酒，用以犒勞將士。擺出向北進攻燕國的姿態，而後派出說客，拿着書信，在燕國顯示自己戰略上的長處，燕國必不敢不聽從。燕國順從之後，再派說客往東勸降齊國。齊國就會聞風而降服。如果這樣，奪取天下的大事就可以謀求了。用兵本來就有虛張聲勢，而後採取實際行動的。”韓信說：“好。”使派遣使者出使燕國，燕國聽到消息果然立刻降服。派人報告漢王，請求立張耳為趙王，用以鎮撫趙國。漢王答應了，就封張耳為趙王。

韓信領兵向東進發，還沒渡過平原津，聽說漢王派酈食其已經說服齊王歸順了。韓信打算停止進軍。蒯通規勸韓信說：“將軍是奉詔攻打齊國，漢王只不過暗中派遣一個密使遊說齊國投降，難道有詔令停止將軍進攻嗎？為甚麼不進軍呢？況且酈生不過是個讀書人，坐着車子，鼓動三寸之舌，就收服齊國七十多座城邑。將軍率領數萬大軍，一年多的時間才攻克趙國五十多座城邑。為將多年，反不如一個讀書小子的功勞嗎？”於是韓信認為他說得對，聽從他的計策，就率軍渡過黃河。齊王聽從酈生的規勸以後，挽留酈生開懷暢飲，撤除了防備漢軍的設施。韓信乘機突襲齊國屬下的軍隊，很快就打到國都臨菑。齊王田廣認為被酈生出賣了，就把他煮死，而後逃往高密，派出使者前往楚國求救。韓信平定臨菑以後，就向東追趕田廣，一直追到高密城西。楚國也派龍且率領兵馬，號稱二十萬，前來救援齊國。

齊王田廣和司馬龍且兩支部隊合兵一起與韓信作戰，還沒交鋒，有人規勸龍且說：“漢軍遠離國土，拚死作戰，其鋒芒銳不可擋。齊楚兩軍在本鄉本土作戰，士兵容易逃散。不如深溝高壘，堅守不出。讓齊王派他親信大臣，去安撫已經淪陷的城邑，這些城邑的官吏和百姓知道他們的國王還在，楚軍又來援救，一定會反叛漢軍。漢軍客居兩千里之外，齊國城邑的人都紛紛起來反叛他們，那勢必得不到糧食，這就可以迫使他們不戰而降。”龍且說：“我一向了解韓信的為人，容易對付他。而且援救齊國，不戰而使韓信投降，我還有甚麼功勞？如今戰勝他，齊國一半土地可以分封給我，為甚麼不打？”於是決定開戰，與韓信隔着濰水擺開陣勢。韓信下令連夜趕做一萬多口袋，裝滿沙土，堵住濰水上游，帶領一半軍隊渡過河去，攻擊龍且，假裝戰敗，往回跑。龍且果然高興地說："本來我就知道韓信膽小害怕。"於是就渡過濰水追趕韓信。韓信下令挖開堵塞濰水的沙袋，河水洶湧而來，龍且的軍隊一多半還沒渡過河去，韓信立即回師猛烈反擊，殺死了龍且。龍且在濰水東岸尚未渡河的部隊，見勢四散逃跑，齊王田廣也逃跑了。韓信追趕敗兵直到城陽，把楚軍士兵全部俘虜了。

漢四年（前203），韓信降服且平定了整個齊國。派人向漢王上書，說："齊國狡詐多變，反覆無常，南面的邊境與楚國交界，不設立一個暫時代理的王來鎮撫，局勢一定不能穩定。為有利於當前的局勢，希望允許我暫時代理齊王。"正當這時，楚軍在滎陽緊緊地圍困着漢王，韓信的使者到了，漢王打開書信一看，勃然大怒，罵道："我在這兒被圍困，日夜盼着你來幫助我，你卻想自立為王！"張良、陳平暗中踩漢王的腳，湊近漢王的耳朵說："目前漢軍處境不利，怎麼能禁止韓信稱王呢？不如趁機冊立他為王，很好地待他，讓他自己鎮守齊國。不然可能發生變亂。"漢王醒悟，又故意罵道："大丈夫平定了諸侯，就做真王罷了，何必做個暫時代理的王呢？"就派遣張良前往，冊立韓信為齊王，徵調他的軍隊攻打楚軍。

楚軍失去龍且後，項王害怕了，派武涉前往規勸韓信說："天下人對秦朝的統治痛恨已久了，大家才合力攻打它。秦朝破滅後，按照功勞裂土分封，各自為王，以便休兵罷戰。如今漢王又興師東進，侵犯他人的境界，掠奪他人的封地，已經攻破三秦，率領軍隊開出函谷關，收集各路諸侯的軍隊向東進擊楚國，他的意圖是不吞併整個天下，不肯罷休，他貪心到這步田地，太過分了。況且漢王不可信任，自身落到項王的掌握之中多次了，是項王的憐憫使他活下來，然而一經脫身，就背棄盟約，再次進攻項王。如今您即使自認為和漢王交情深厚，替他竭盡全力作戰，最終還得被他所擒。您所以能夠延續到今天，是因為項王還存在啊。當前劉、項爭奪天下的勝敗，舉足輕重的是您。您向右邊站，那麼漢王勝，您向左邊站，那麼項王勝。假若項王今天被消滅，下一個就該消滅您了。您和項王有舊交情，為甚麼不反漢與楚聯和，三分天下自立為王呢？如今，放過這個時機，必然要站到漢王一邊攻打項王，一個聰明睿智的人，難道應該這樣做嗎？"韓信辭謝說："我侍奉項王，官不過郎中，職位不過是個持戟的衛士，言不聽，計不用，所以我背楚歸漢。漢王授予我上將軍的印信，給我幾萬人馬，脫下他身上的衣服給我穿，把好食物讓給我吃，言聽計用，所以我才有今天。人家對我親近、信賴，我背叛他不吉祥，即使到死也不變心，希望您替我辭謝項王的盛情！"

　　武涉走後，齊國人蒯通知道天下勝負的關鍵在於韓信，想出奇計打動他，就用看相的身份規勸韓信，說："我曾經學過看相技藝。"韓信說："先生給人看相用甚麼方法？"蒯通回答說："人的高貴卑賤在於骨骼，憂愁、喜悅在於面色，成功失敗在於決斷。用這三項驗證人相萬無一失。"韓信説:"好,先生看看我的相怎麼樣?"蒯通回答説:"希望隨從人員暫時迴避一下。"韓信説好。蒯通説:"看您的面相,只不過封侯,而且還有危險不安全。看您的背相,顯貴而不可言。"韓信説:"這話是甚麼意思呢?"蒯通説:"當初,天下舉兵起事的時候,英雄豪傑紛紛建立名號,一聲呼喊,天下有志之士像雲霧那樣聚集,像魚鱗那樣雜沓,如同火焰迸飛,狂風驟起。正當這時,關心的只是滅亡秦朝罷了。而今,楚漢分爭,使天下無辜的百姓肝膽塗地,父子的屍骨暴露野外,數不勝數。楚國人從彭城起事,轉戰四方,追逐敗兵,直到滎陽,乘着勝利,向前挺進,聲勢震動天下。然後軍隊被困在京、索之間,被阻於成皋以西的山嶽地帶,已經三年了。漢王統領幾十萬人馬在鞏縣、洛陽一帶抗拒楚軍,憑藉着山河的險要,雖然一日數戰,卻無尺寸之功。將士的銳氣長期困頓於險要關塞而被挫傷,倉庫的糧食也消耗殆盡,百姓疲勞困苦,怨聲載道,人心動盪,無依無靠。以我估計,這樣的局面不是天下的聖賢就不能平息這場天下的禍亂。當今劉、項二王的命運都懸掛在您的手裏。您協助漢王,漢王就勝利;協助楚王,楚王就勝利。我願意披肝瀝膽,敬獻愚計,只恐怕您不採納啊。

不如讓楚、漢雙方都不受損害,同時存在,你和他們三分天下,鼎足而立,形成那種局面,就沒有誰敢輕舉妄動。憑藉您的賢能,擁有眾多的人馬裝備,佔據強大的齊國,迫使燕、趙屈從,出兵到劉、項兩軍的空虛地帶，牽制他們的後方，順應百姓的心願，向西去制止劉、項分爭，為軍民百姓保全生命，那麼，天下就會迅速地群起而響應，有誰敢不聽從！而後，割取大國的疆土，削弱強國的威勢，用以分封諸侯。諸侯恢復之後，天下就會感恩戴德，歸服聽命於齊。穩守齊國故有的疆土，恭謹謙讓，那麼天下的君王就會相繼前來朝拜齊國。聽說：‘蒼天賜予的好處不接，反而會受到懲罰；時機到了不採取行動，反而要遭禍殃’。希望您仔細地考慮這件事。”

韓信說：“漢王給我的待遇很優厚，他的車子，他的衣裳，他的食物都給我。我聽說，坐人家車子的人，要替人分擔禍患，穿人家衣裳的人，心裏要想着人家的憂患，吃人家食物的人，要為人家的事業效死，我怎麼能夠背信棄義呢！”蒯通說：“你自認為和漢王友好，想建立流傳萬世的功業，我認為這種想法錯了。當初常山王、成安君還是平民百姓時，結成割掉腦袋也不反悔的交情，後來因為張黶、陳澤的事發生爭執，使得二人彼此仇恨。常山王背叛項王，捧着項嬰的人頭逃跑，歸降漢王。漢王借給他軍隊向東進擊，在泜水以南殺死了成安君，身首異處，被天下人恥笑。這兩個人的交情，可以說是天下最要好的。然而到頭來，都想把對方置於死地，這是為甚麼呢？禍患產生於貪得無厭和人心難測。如今您打算用忠誠、信義與漢王結交，一定比不上張耳、陳餘結交更鞏固，而你們之間的關連又比張黶、陳澤的事重要的多，所以我認為您斷定漢王不會危害自己，也錯了。大夫文種、范蠡使瀕臨滅亡的越國保存下來，輔佐句踐稱霸諸侯，功成名就之後，文種被迫自殺，范蠡被迫逃亡。野獸打完了，獵犬被烹殺。以交情友誼而論，您和漢王就比不上張耳與成安君了，以忠誠信義而論也就趕不上大夫文種、范蠡與越王句踐了。從這兩個事例看，足夠您斷定是非了。希望您深思熟慮地考慮。我聽説，勇敢、謀略使君主感到威脅的人，有危險；而功勳卓著冠蓋天下的人得不到賞賜。您以聲威鎮服燕國，平定安撫齊國，向南摧毀楚國軍隊二十萬，向東殺死楚將龍且，面向漢王報捷，這可以説是功勞天下無二。而計謀出眾，世上少有。如今您據有威脅君主的威勢，持有不能封賞的功績，歸附楚國，楚國人不信任；歸附漢國，漢國人震驚恐懼：您帶着這樣大的功績和聲威，哪裏是您可去的地方呢？名望高於天下所有的人，我私下為您感到危險。"韓信説："先生暫且説到這兒吧！讓我考慮考慮。"

此後過了數日，蒯通又對韓信説："能夠聽取別人的善意，就能預見事情發展變化的徵兆，能反覆思考，就能把握成功的關鍵。聽取意見不能作出正確的判斷，決策失誤而能夠長治久安的人，實在少有。聽取意見很少判斷失誤的人，就不能用花言巧語去惑亂他；計謀籌劃周到不本末倒置的人，就不能用花言巧語去擾亂他。甘願做劈柴餵馬差事的人，就會失掉爭取萬乘之國權柄的機會；安心微薄俸祿的人，就得不到公卿宰相的高位。所以辦事堅決是聰明人果斷的表現，猶豫不決是辦事情的禍害。有判斷是非的智慧，決定後又不敢冒然行動，這是所有事情的禍根。所以俗話說：
"猛虎猶豫不能決斷，不如黃蜂、蠍子用毒刺去螫；駿
馬徘徊不前，不如劣馬安然慢步；勇士孟賁狐疑不定，
不如凡夫俗子，決心實幹，以求達到目的；即使有虞
舜、夏禹的智慧，閉上嘴巴不講話，不如聾啞人借助
打手勢起作用"。這些俗語都說明付諸行動是最可寶貴
的。所有的事業都難以成功而容易失敗，時機難以抓
住而容易失掉。機不可失，時不再來。希望您仔細地
考慮斟酌。"韓信猶豫不決，不忍心背叛漢王，又自認
為功勳卓著，漢王終究不會奪去自己的齊國，於是謝
絕了蒯通。蒯通的規勸沒有被採納，就假裝瘋癲做了
巫師。

　　漢王被圍困在固陵時，採用了張良的計策，徵召
齊王韓信，於是韓信率領軍隊在垓下與漢王會師。項
羽被打敗後，高祖用突然襲擊的辦法奪取了齊王的軍
權。漢五年正月，改封齊王韓信為楚王，建都下邳。

　　韓信到了下邳，召見曾經分給他飯吃的那位漂母，
賜給她黃金千斤。輪到南昌亭亭長，賜給百錢，說：
"您，是小人，做好事有始無終。"召見曾經侮辱過自
己、讓自己從他胯下爬過去的年輕人，任用他做了中
尉，並告訴將相們說："這是位壯士。當侮辱我的時候，
我難道不能殺死他嗎？殺掉他沒有意義，所以我忍受
了一時的侮辱而成就了今天的功業。"

　　項王部下逃亡的將領鍾離眛，家住伊廬，一向與
韓信友好。項王死後，他逃出來歸附韓信。漢王怨恨
鍾離眛，聽說他在楚國，詔令楚國逮捕鍾離眛。韓信

初到楚國，巡行所屬縣邑，進進出出都帶着武裝衛隊。漢六年，有人上書告發韓信謀反。高帝採納陳平的計謀，假託天子外出巡視會見諸侯，南方有個雲夢澤，派使臣通告各諸侯到陳縣聚會，說：“我要巡視雲夢澤。”其實是要襲擊韓信，韓信卻不知道。高祖將要到楚國時，韓信曾想發兵反叛，又認為自己沒有罪，想朝見高祖，又怕被擒。有人對韓信說：“殺了鍾離眛去朝見皇上，皇上一定高興，就沒有禍患了。”韓信去見鍾離眛商量。鍾離眛說：“漢王所以不攻打楚國，是因為我在您這裏，你想逮捕我取悅漢王，我今天死，你也會緊跟着死的。”於是罵韓信說：“你不是個忠厚的人！”終於刎頸身死。韓信拿着他的人頭，到陳縣朝拜高帝。皇上命令武士捆綁了韓信，押在隨行的車上。韓信說：“果真像人們說的‘狡兔死了，出色的獵狗就遭到烹殺；高翔的飛禽光了，優良的弓箭收藏起來；敵國破滅，謀臣死亡’。現在天下已經平安，我本來應當遭烹殺！”皇上說：“有人告發你謀反。”就給韓信帶上了刑具。到了洛陽，赦免了韓信的罪過，改封為淮陰侯。

韓信知道漢王畏忌自己的才能，常常託病不參加朝見和侍行。從此，韓信日夜怨恨，在家悶悶不樂，和絳侯、灌嬰處於同等地位感到羞恥。皇上經常從容地和韓信議論將軍們的高下，認為各有長短。皇上問韓信：“像我的才能能統率多少兵馬？”韓信說：“陛下不過能統率十萬。”皇上說：“你怎麼樣？”回答說：“我是越多越好。”皇上笑着說：“您越多越好，為甚麼還被我俘虜了？”韓信說：“陛下不能帶兵，卻善於駕馭將領，這就是我被陛下俘虜的原因。況且陛下是上天賜予的，不是人力能做到的。"

陳豨被任命為鉅鹿郡守，向淮陰侯辭行。淮陰侯拉着他的手避開左右侍從在庭院裏漫步，仰望蒼天歎息說："您可以聽聽我的知心話嗎？有些心裏話想跟您談談。"陳豨說："一切聽任將軍吩咐！"淮陰侯說："您管轄的地區，是天下精兵聚集的地方；而您，是陛下信任寵倖的臣子。如果有人告發說您反叛，陛下一定不會相信；再次告發，陛下就懷疑了；三次告發，陛下必然大怒而親自率兵前來圍剿。我為您在京城做內應，天下就可以取得了。"陳豨一向知道韓信的雄才大略。深信不疑，說："我一定聽從您的指教！"漢十年，陳豨果然反叛。皇上親自率領兵馬前往，韓信託病沒有隨從。暗中派人到陳豨處說："只管起兵，我在這裏協助您。"韓信就和家臣商量，夜裏假傳詔書赦免各官府服役的罪犯和奴隸，打算發動他們去襲擊呂后和太子。部署完畢，等待着陳豨的消息。他的一位家臣得罪了韓信，韓信把他囚禁起來，打算殺掉他。他的弟弟上書告密，向呂后告發了韓信準備反叛的情況。呂后打算把韓信召來，又怕他不肯就範，就和蕭相國謀劃，令人假說從皇上那兒來，說陳豨已被俘獲處死，列侯群臣都來祝賀。蕭相國欺騙韓信說："即使有病，也要強打精神進宮祝賀吧。"韓信進宮，呂后命令武士把韓信捆起來，在長樂宮的鐘室殺掉了。韓信臨斬時說："我後悔沒有採納蒯通的計謀，以至被婦女小子所欺騙，難道不是天意嗎？"還誅殺了韓信三族。

高祖從平叛陳豨的軍中回到京城，見韓信已死，又高興又憐憫他，問：“韓信臨死時說過甚麼話？”呂后說：“韓信說悔恨沒有採納蒯通的計謀。”高祖說：“那人是齊國的說客。”就詔令齊國捕捉蒯通。蒯通被帶到，皇上說：“你唆使淮陰侯反叛嗎？”回答說：“是。我的確教過他，那小子不採納我的計策，所以有自取滅亡的下場。假如那小子採納我的計策，陛下怎能夠滅掉他呢？”皇上生氣地說：“煮了他。”蒯通說：“哎呀，煮死我，冤枉啊！”皇上說：“你唆使韓信造反，有甚麼冤枉？”蒯通說：“秦朝法度敗壞，政權瓦解的時候，山東六國大亂，各路諸侯紛紛起事，一時天下英雄豪傑像烏鴉一樣聚集。秦朝失去了他的帝位，天下英傑都來搶奪它，於是才智高超，行動敏捷的人率先得到它。蹠的狗對着堯狂叫，堯並不是不仁德，只因為他不是狗的主人。正當這時，我只知道有個韓信，並不知道有陛下。況且天下磨快武器、手執利刃想幹陛下所幹的事業的人太多了，只是力不從心罷了。您怎麼能夠把他們都煮死呢？”高祖說：“放掉他。”就赦免了蒯通的罪過。

第十篇　將軍李廣

　　將軍李廣，隴西郡成紀縣人。他的先祖是李信，秦朝時的將軍，就是追獲了燕太子丹的那位將軍。他的家原來在槐里縣，後來遷到成紀。李廣家傳世代射箭。

　　漢文帝十四年（前 166），匈奴人侵入蕭關，李廣以良家子弟的身份從軍抗擊匈奴，因為他善於騎射，斬殺敵人很多，所以被任為中郎。李廣的堂弟李蔡，也被任為中郎。二人又都任武騎常侍，年俸八百石。李廣曾隨皇帝出行，常有衝鋒陷陣、抵禦敵人，以及格殺猛獸的事，文帝說：“可惜啊！你沒遇到時機，如果讓你正趕上高祖的時代，封個萬戶侯那還在話下嗎！”

　　到景帝即位後，李廣任隴西都尉。吳、楚七國叛亂時，隨從太尉周亞夫反擊吳、楚叛軍，在昌邑城下奪取了敵旗，立功揚名。可是由於梁孝王私自把將軍印授給李廣，回朝後，朝廷沒有對他進行封賞。調他任上谷太守，匈奴每天都來叫戰。屬國公孫昆邪對皇上哭着說：“李廣的才氣，天下無雙，他自己仗恃有本領，屢次和敵人正面作戰，恐怕會失去這員良將。”於是又調他任上郡太守。以後李廣轉任邊境各郡太守，都以奮力作戰而出名。

　　匈奴大舉入侵上郡，天子派來一名宦官跟隨李廣學習軍事，抗擊匈奴。這位宦官帶領幾十名騎兵，縱馬馳騁，遇到三個匈奴人，就與他們交戰，三個匈奴人回身放箭，射傷了宦官，幾乎殺光了他的那些騎兵。宦官逃回到李廣那裏，李廣説："這一定是匈奴的射鵰能手。"李廣於是就帶上一百名騎兵前去追趕那三個匈奴人。那三個人沒有馬，徒步前行。走了幾十里，李廣命令他的騎兵左右散開，兩路包抄。他親自去射殺那三個人，射死了兩個，活捉了一個，果然是匈奴的射鵰手。把他捆綁上馬之後，遠遠望見幾千名匈奴騎兵。他們看到李廣，以為是誘敵騎兵，都很吃驚，跑上山去擺好了陣勢。李廣的百名騎兵也都大為驚恐，想回馬飛奔逃跑。李廣説："我們離開大軍幾十里，照現在這樣的情況，我們這一百名騎兵只要一跑，匈奴就要來追擊射殺，我們會立刻被殺光的。現在我們停留不走，匈奴一定以為我們是大軍來誘敵的，必定不敢攻擊我們。"

李廣向騎兵下令："前進！"騎兵向前進發，到了離匈奴陣地還有大約二里的地方，停下來，下令説："全體下馬解下馬鞍！"騎兵們説："敵人那麼多，並且又離得近，如果有了緊急情況，怎麼辦？"李廣説："那些敵人原以為我們會逃跑，現在我們都解下馬鞍表示不逃，這樣就能使他們更堅定地相信我們是誘敵之兵。"於是匈奴騎兵終於不敢來攻擊。有一名騎白馬的匈奴將領出陣來監護他的士兵，李廣立即上馬和十幾名騎兵一起奔馳，射死了那騎白馬的匈奴將領，又回到自己的騎兵隊裏，解下馬鞍，讓士兵們都放開馬，隨便躺臥。這時正值日暮黃昏，匈奴軍隊始終覺得奇怪，不敢進攻。到了半夜，匈奴兵又以為漢朝有伏兵

在附近，想趁夜偷襲他們，因而匈奴就領兵撤離了。第二天早晨，李廣才回到他的大軍營中，大軍不知道李廣的去向，所以無法隨後接應。

過了好幾年，景帝去世，武帝即位。左右近臣都認為李廣是名將，於是李廣由上郡太守調任未央宮的禁衛軍長官，程不識也來任長樂宮的禁衛軍長官。程不識和李廣從前都任邊郡太守並兼管軍隊駐防。到出兵攻打匈奴的時候，李廣行軍沒有嚴格的隊列和陣勢，靠近水豐草茂的地方駐紮軍隊，停宿的地方人人都感到便利，晚上也不打更自衛，幕府簡化各種文書簿冊，但他遠遠地佈置了哨兵，所以不曾遭到過危險。程不識對隊伍的編制、行軍隊列、駐營陣勢等要求很嚴格，夜裏打更，文書軍吏處理考績等公文簿冊要到天明，軍隊得不到休息，但也不曾遇到危險。程不識說："李廣治兵簡便易行，然而敵人如果突然侵犯他，他就無法阻擋了。而他的士卒都甘心為他拚死。我的軍隊雖然軍務紛繁忙亂，但是敵人也不敢侵犯我。"那時漢朝邊郡的李廣、程不識都是名將，但是匈奴人害怕李廣的謀略，士兵也大多願意跟隨李廣。程不識在景帝時由於屢次直言進諫被封為太中大夫，為人清廉，謹守朝廷文書法令。

後來，漢朝用馬邑城引誘單于，派大軍在馬邑兩旁的山谷中埋伏，李廣任驍騎將軍，受護軍將軍韓安國統領節制。當時單于發覺了漢軍的計謀，就逃跑了。四年以後，李廣由衛尉被任為將軍，出雁門關進攻匈奴。匈奴兵多，打敗了李廣的軍隊，並生擒了李廣。

單于平時就聽說李廣很有才能，下令說："俘獲李廣一定要活着送來。"匈奴騎兵俘虜了李廣，當時李廣受傷生病，就把李廣放在兩匹馬中間，裝在繩編的網兜裹躺着。走了十多里，李廣假裝死去，斜眼看到他旁邊的一個匈奴少年騎着一匹好馬，李廣突然一縱身跳上匈奴少年的馬，趁勢把少年推下去，奪了他的弓，打馬向南飛馳數十里，重又遇到他的殘部，於是帶領他們進入關塞。匈奴出動追捕的騎兵幾百名來追趕他，李廣一邊逃一邊拿起匈奴少年的弓射殺追來的騎兵，因此才能逃脱。於是回到漢朝京城，朝廷把李廣交給執法官吏。執法官判決李廣損失傷亡太多，他自己又被敵人活捉，應該斬首，李廣用錢物贖了死罪，削職為民。

轉眼間，李廣在家已閒居數年，李廣家和已故潁陰侯灌嬰的孫子灌強一起隱居在藍田，常到南山中打獵。曾在一天夜裹帶着一名騎馬的隨從外出，和別人一起在田野間飲酒。回來時走到霸陵亭，霸陵尉喝醉了，大聲喝斥，禁止李廣通行。李廣的隨從説："這是前任李將軍。"亭尉説："現任將軍尚且不許通行，何況是前任呢！"便扣留了李廣，讓他停宿在霸陵亭下。沒過多久，匈奴入侵殺死遼西太守，打敗了韓將軍，韓將軍遷調右北平。於是天子就召見李廣，任他為右北平太守。李廣隨即請求派霸陵尉一起赴任，到了軍中就把他殺了。

李廣駐守右北平，匈奴聽說後，稱他為"漢朝的飛將軍"，躲避他好幾年，不敢入侵右北平。

李廣外出打獵，看見草裏的一塊石頭，以為是老虎就向牠射去，射中了石頭，箭頭都射進去了，過去一看，原來是石頭。李廣駐守過各郡，聽說有老虎，常常親自去射殺。到駐守右北平時，一次射虎，老虎跳起來傷了李廣，李廣也終於射死了老虎。

李廣為官清廉，得到賞賜就分給他的部下，飲食總與士兵在一起。李廣一生到死，做二千石俸祿的官共四十多年，家中沒有多餘的財物，始終也不談及家產方面的事。李廣身材高大，兩臂如猿，他善於射箭也是天賦，即便是他的子孫或外人向他學習，也沒人能趕上他。李廣語言遲鈍，說話不多，與別人在一起就在地上畫軍陣，然後比射箭，按射中較密集的行列還是較寬疏的行列來定罰誰喝酒。他專門以射箭為消遣，一直到死。李廣帶兵，遇到缺糧斷水的地方，見到水，士兵還沒有完全喝到水，李廣不去靠近水；士兵還沒有完全吃上飯，李廣一口飯也不嚐。李廣對士兵寬厚和緩不苛刻，士兵因此愛戴他，樂於為他所用。李廣射箭的方法是，看見敵人逼近，如果不在數十步之內，估計射不中，就不發射。只要一發射，敵人立即隨弓弦之聲倒地。因此他領兵有幾次被困受辱，射猛獸也曾被猛獸所傷。

沒過多久，石建死了，於是皇上召見李廣，讓他接替石建任郎中令。元朔六年，李廣又被任為後將軍，跟隨大將軍衛青的軍隊從定襄出塞，征伐匈奴。許多將領因斬殺敵人首級符合規定數額，以戰功被封侯，而李廣的軍隊卻沒有戰功。過了兩年，李廣以郎中令官職率領四千騎兵從右北平出塞，博望侯張騫率領一萬騎兵與李廣一同出征，分行兩條路。行軍約幾百里，匈奴左賢王率領四萬騎兵包圍了李廣，李廣的士兵都很害怕，李廣就派他的兒子李敢騎馬往匈奴軍中奔馳。李敢獨自和幾十名騎兵飛奔，直穿匈奴騎兵陣，又從其左右兩翼突出，回來向李廣報告說：“匈奴敵兵很容易對付啊！”士兵們這才安心。李廣佈成圓形兵陣，面向外，匈奴猛攻，箭如雨下。漢兵死了一半多，箭也快用光了。李廣就命令士兵拉滿弓，不要放箭，而李廣親自用大黃弩弓射匈奴的副將，殺死了好幾個，匈奴軍才漸漸散開。這時天色已晚，軍吏士兵都面無人色，可是李廣卻神態自然，更加注意整頓軍隊。軍中從此都很佩服他的勇敢。

　　第二天，又去奮力作戰，博望侯的軍隊也趕到了，匈奴軍才解圍退去。漢軍非常疲憊，所以也不能去追擊。當時李廣幾乎全軍覆沒，只好收兵回朝。按漢朝法律，博望侯行軍遲緩，延誤限期，應處死刑，用錢贖罪，降為平民。李廣功過相抵，沒有封賞。

　　當初，李廣的堂弟李蔡和李廣一起侍奉文帝。到景帝時，李蔡累積功勞已得到年俸二千石的官位。武帝時，做到代國的國相。元朔五年（前 124）被任為輕車將軍，跟隨大將軍衛青攻打匈奴右賢王有功，被封為樂安侯。元狩二年（前 121）間，代公孫弘任丞相。李蔡的才幹在下等之中，聲名比李廣差得很遠，然而李廣得不到封爵和封地，官位沒超過九卿，可是李蔡卻被封為列侯，官位達到三公。李廣屬下的軍官和士兵們，也有人得到了侯爵之封。李廣曾和星象家王朔私下閒談說："自從漢朝攻打匈奴以來，我沒有一次不參加。可是各部隊校尉以下的軍官，才能還不如中等人，然而由於攻打匈奴有軍功被封侯的有幾十人。我李廣不算比別人差，但是沒有一點功勞用來得到封地，這是甚麼原因呢？難道是我的骨相就不該封侯嗎？還是本來就命該如此呢？"王朔說："將軍自己回想一下，曾經有過值得悔恨的事嗎？"李廣說："我曾當過隴西太守，羌人有一次反叛，我誘騙他們投降，投降的有八百多人，我用欺詐手段在同一天把他們都殺了。直到今天我最大的悔恨只有這件事。"王朔說："能使人受禍的事，沒有比殺死已投降的人更大的了，這也就是將軍不能封侯的原因。"

又過了兩年，大將軍衛青、驃騎將軍霍去病率軍大舉出征匈奴，李廣幾次親自請求隨行。天子認為他已年老，沒有答應；好久才准許他前去，讓他任前將軍。這一年是元狩四年（前 119）。

李廣隨大將軍衛青出征匈奴，出邊塞以後，衛青捉到敵兵，知道了單于住的地方，就自己帶領精兵去追逐單于，而命令李廣和右將軍的隊伍合併，從東路出擊。東路有些迂迴繞遠，而且大軍走在水草缺少的地方，勢必不能並隊行進。李廣就親自請求說："我的職務是前將軍，如今大將軍卻命令我改從東路出兵，況且我從少年時就與匈奴作戰，到今天才得到一次與單于對敵的機會，我願做前鋒，先和單于決一死戰。"大將軍衛青曾暗中受到皇上的警告，認為李廣年老，命運不好，不要讓他與單于對敵，恐怕不能實現俘獲單于的願望。那時公孫敖剛剛丟掉了侯爵，任中將軍，隨從大將軍出征，大將軍也想讓公孫敖跟自己一起與單于對敵，故意把前將軍李廣調開。李廣當時也知道內情，所以堅決要求大將軍收回調令。大將軍不答應他的請求，命令長史寫文書發到李廣的幕府，並對他說：「趕快到右將軍部隊中去，照文書上寫的辦。」李廣不向大將軍告辭就起程了，心中非常惱怒地前往軍部，領兵與右將軍趙食其合兵後從東路出發。軍隊沒有嚮導，有時迷失道路，結果落在大將軍之後。大將軍與單于交戰，單于逃跑了，衛青沒有戰果只好回兵。大將軍向南行渡過沙漠，遇到了前將軍和右將軍。李廣謁見大將軍之後，回到自己軍中。大將軍派長史帶着乾糧和酒送給李廣，順便向李廣和趙食其詢問迷失道路的情況，衛青要給天子上書報告詳細的軍情。李廣沒有回答。大將軍派長史急切責令李廣幕府的人員前去受審對質。李廣說：「校尉們沒有罪，是我自己迷失道路，我現在親自到大將軍幕府去受審對質。」

　　到了大將軍幕府，李廣對他的部下說：「我從少年起與匈奴打過大小七十多仗，如今有幸跟隨大將軍出征同單于軍隊交戰，可是大將軍又調我的部隊去走迂迴繞遠的路，偏又迷失道路，難道不是天意嗎！況且我已六十多歲了，畢竟不能再受那些刀筆吏的侮辱。」於是就拔刀自刎了。李廣軍中的所有將士都為之痛哭。百姓聽到這個消息，不論認識的不認識的，不論老少都為李廣落淚。

第十一篇　扁鵲

　　扁鵲原是渤海郡鄭人，姓秦，名越人。年輕時給客館做主管。有個叫長桑君的客人到客館來，只有扁鵲認為他是一個奇人，時常恭敬地對待他。長桑君也知道扁鵲不是普通人，他來來去去有十多年了。一天叫扁鵲和自己坐在一起，悄悄和扁鵲說："我有秘藏的醫方，我年老了，想留傳給你，你不要洩漏出去。"扁鵲說："好吧，遵命。"他這才從懷中拿出一種藥給扁鵲，並說："用草木上的露水送服這種藥，三十天後你就能知曉許多事情。"又接着拿出全部秘方給了扁鵲，忽然人就不見了，肯定不是個凡人吧。扁鵲按照他說法服了藥三十天，就能看見牆另一邊的人。因此診視別人的疾病時，能看到五臟內的病症，只是表面上還在為病人切脈。他有時在齊國行醫，有時在趙國行醫。在趙國時名叫扁鵲。

　　在晉昭公的時候，大夫的勢力強盛，而國君的力量衰弱，趙簡子是大夫，卻獨掌國事。趙簡子病了，五天不省人事，大夫們都很憂懼，於是召來扁鵲。扁鵲入室診視病後走出，大夫董安於向扁鵲詢問病情，扁鵲說："他的血脈正常，你們何必驚怪！從前秦穆公曾出現這種情形，昏迷了七天才甦醒。醒來的當天，告訴公孫支和子輿說：'我到天帝那裏後非常快樂。我所以去那麼長時間，正好碰上天帝要指教我。天帝告訴我“晉國將要大亂，會五代不安定。之後將有人成為霸主，稱霸不久他就會死去。霸主的兒子將使你的國家男女淫亂”。'公孫支把這些話記下收藏起來，後來秦國的史書才記載了此事。晉獻公的混亂，晉文公的稱霸，及晉襄公打敗秦軍在殽山後放縱淫亂，這些都是你所聞知的。現在你們主君的病和他相同，不出三天就會痊癒，痊癒後必定也會說一些話。”

過了二天半，趙簡子甦醒了，告訴眾大夫說：“我到天帝那兒非常快樂，與百神遊玩在天的中央，那裏各種樂器奏着許多樂曲，跳着各種各樣的舞蹈，不像上古三代時的樂舞，樂聲動人心魄。有一隻熊要抓我，天帝命令我去射殺牠，射中了熊，熊死了。有一隻羆走過來，我又射牠，又射中了，羆也死了。天帝非常高興，賞賜我兩個竹笥，裏邊都裝有首飾。我看見我的兒子在天帝的身邊，天帝把一隻翟犬託付給我，並說：“等到你的兒子長大成人時賜給他。”天帝告訴我說：“晉國將會一代一代地衰微下去，過了七代就會滅亡。秦國人將在范魁的西邊打敗周人，但他們也不能擁有他的政權。”董安於聽了這些話後，記錄並收藏起來。人們把扁鵲說過的話告訴趙簡子，趙簡子就賜給扁鵲四萬畝田地。

後來扁鵲路經虢國。正碰上虢國太子死去，扁鵲來到虢國王宮門前，問一位喜好醫術的中庶子說：“太子有甚麼病，為甚麼全國舉行除邪去病的祭祀超過了其他許多事？”中庶子說：“太子的病是血氣運行沒有規律，陰陽交錯而不能疏泄，猛烈地暴發在體表，就造成內臟受傷害。人體的正氣不能制止邪氣，邪氣蓄積而不能疏泄，因此陽脈弛緩陰脈急迫，所以突然昏倒而死。"扁鵲問："他甚麼時候死的？"中庶子回答："從雞鳴到現在。"又問："收殮了嗎？"回答說："還沒有，他死還不到半天呢。""請稟告虢君說，我是渤海郡的秦越人，家在鄭地，未能仰望君王的神采，我現拜見侍奉在他的面前。聽說太子死了，我能使他復活。"中庶子說："先生該不是胡說吧？怎麼說太子可以復活呢！我聽說上古的時候，有個叫俞跗的醫生，治病不用湯劑、藥酒、鑱針、砭石、導引、按摩、藥熨等辦法，一解開衣服診視就知道疾病的所在，順着五臟的腧穴，然後割開皮膚剖開肌肉，疏通經脈，結紮筋腱，按治腦髓，觸動膏肓，疏理橫隔膜，清洗腸胃，洗滌五臟，修煉精氣，改變神情氣色，先生的醫術能如此，那麼太子就能再生了；不能做到如此，卻想要使他再生，簡直不能用這樣的話欺騙剛會笑的孩子。"過了好久，扁鵲才仰望天空歎息說："您說的那些治療方法，就像從竹管中看天，從縫隙中看花紋一樣。我用的治療方法，不需給病人切脈、察看臉色、聽聲音、觀察病人的體態神情，就能說出病因在甚麼地方。知道疾病外在的表現就能推知內有的原因；知道疾病內在的原因就能推知外在的表現。人體內有病會從體表反應出來，據此就可診斷千里之外的病人，我決斷的方法很多，不能只停留在一個角度看問題。你如果認為我說的不真實可靠，你試着進去診視太子，應會聽到他耳有鳴響、看到鼻翼搧動，順着兩腿摸到陰部，那裏應該還是溫熱的。"

　　中庶子聽完扁鵲的話，眼呆滯瞪着不能眨，舌頭翹着說不出話來，後來才進去把扁鵲的話告訴虢君。虢君聽後十分驚訝，走出內廷在宮廷的中門接見扁鵲，說："我聽到您有高尚的品德已很長時間了，然而不能夠在您面前拜見您。這次先生您路經我們小國，希望您能救助我們，我這個偏遠國家的君王真是太幸運了。有先生在就能救活我的兒子，沒有先生在他就會拋屍野外而填塞溝壑，永遠死去而不能復活。"話沒說完，他就悲傷抽噎氣鬱胸中，精神散亂恍惚，長時間地流下眼淚，淚珠滾落沾在睫毛上，悲哀不能克制，容貌神情發生了變化。扁鵲說："您的太子得的病，就是人們所說的'屍蹶'。那是因為陽氣陷入陰脈，脈氣纏繞衝動了胃，經脈受損傷脈絡被阻塞，分別下注入下焦、膀胱，因此陽脈下墜，陰氣上升，陰陽兩氣會聚，互相團塞，不能通暢。陰氣又逆而上行，陽氣只好向內運行，陽氣徒然在下在內鼓動卻不能上升，在上在外被阻絕不能被陰氣遣使，在上有隔絕了陽氣的脈絡，在下有破壞了陰氣的筋紐，這樣陰氣破壞、陽氣隔絕，使人的面色衰敗血脈混亂，所以人會身體安靜得像死去的樣子。太子實際沒有死。因為陽入襲陰，而阻絕臟氣的能治癒，陰入襲陽而阻絕臟氣的必死。這些情況，都會在五臟厥逆時突然發作。精良的醫生能治癒這種病，拙劣的醫生會因困惑使病人危險。

　　扁鵲就叫他的學生子陽磨礪針石，取穴百會下針。

過了一會兒，太子甦醒了。又讓學生子豹準備能入體五分的藥熨，再加上八減方的藥劑混和煎煮，交替在兩脅下熨敷。太子能夠坐起來了。進一步調和陰陽，僅僅吃了湯劑二十天就身體恢復和從前一樣了。因此天下的人都認為扁鵲能使死人復活。扁鵲卻說："我不是能使死人復活啊，這是他應該活下去，我能做的只是促使他恢復健康罷了。"

扁鵲到了齊國，齊桓侯把他當客人招待。他到朝廷拜見桓侯，說："您有小病在皮膚和肌肉之間，不治將會深入體內。"桓侯說："我沒有病。"扁鵲走出宮門後，桓侯對身邊的人說："醫生喜愛功利，想把沒病的人說成是自己治療的功績。"過了五天，扁鵲再去見桓侯，說："您的病已在血脈裏，不治恐怕會深入體內。"桓侯說："我沒有病。"扁鵲出去後，桓侯不高興。過了五天，扁鵲又去見桓侯，說："您的病已在腸胃間，不治將更深侵入體內。"桓侯不肯答話。扁鵲出去後，桓侯不高興。過了五天，扁鵲又去，看見桓侯就向後退，跑走了。桓侯派人問他跑的緣故。扁鵲說："疾病在皮肉之間，湯劑、藥熨的效力就能達到治病的目的；疾病在血脈中，靠針刺和砭石的效力就能達到治病的目的；疾病在腸胃中，藥酒的效力就能達到治病的目的；疾病進入骨髓，就是掌管生命的神也無可奈何。現在疾病已進入骨髓，我因此不再要求為他治病。"過了五天後，桓侯身上患了重病，派人召請扁鵲，扁鵲已逃離齊國。桓侯於是就病死了。

扁鵲的名聲傳揚天下。他到邯鄲時，聞知當地人

尊重婦女，就做治婦女病的醫生；到洛陽時，聞知周
人敬愛老人，就做專治耳聾眼花四肢痺痛的醫生；到
了咸陽，聞知秦人喜愛孩子，就做治小孩疾病的醫生；
他隨着各地的習俗來變化自己的醫治範圍。秦國的太
醫令李醯自知醫術不如扁鵲，派人刺殺了扁鵲。到現
在，天下談論診脈法的人，都遵從扁鵲的理論和實踐。

中國正史的源頭　　朱自清

　　説起中國的史書，《史記》、《漢書》，真是無人不知，無人不曉。這有兩個原因。一則這兩部書是最早的有系統的歷史，再雖然還有《尚書》、《魯春秋》、《國語》、《春秋左氏傳》、《戰國策》等，但《尚書》、《國語》、《戰國策》，都是記言的史，不是記事的史。《春秋》和《左傳》是記事的史了，可是《春秋》太簡短。《史記》創了"紀傳體"，敍事自黃帝以來，到漢武帝的時候，首尾三千多年。《漢書》採用了《史記》的體制，卻以漢事為斷，從高祖到王莽，只二百三十年。後來的史書全用《漢書》的體制，斷代成書；《史記》、《漢書》以外的二十二史都如此。這稱為"正史"。《史記》、《漢書》可以説都是"正史"的源頭。二則，這兩部書都成了文學的古典；兩書有許多相同之處，雖然也有許多相異處。大概東漢、魏、晉到唐，喜歡《漢書》的多，唐以後喜歡《史記》的多，而明、清兩代尤然。這是兩書文體各有所勝的緣故。但歷來班、馬並稱，《史》、《漢》連舉，它們敍事寫人的技術，畢竟是大同的。

司馬遷是竊比孔子的。孔子是在周末官守散失時代第一個保存文獻的人；司馬遷是秦火以後第一個保存文獻的人。他們保存的方法不同，但是用心是一樣。《史記自序》裏記着司馬遷和上大夫過來遂討論作史的一番話，司馬遷引述他的父親稱揚孔子整理六經的豐功偉業，而特別着重《春秋》的著作。他們父子都是相信孔子作《春秋》的。他又引董仲舒所述孔子的話："我有種種覺民救世的理想，憑空發議論，恐怕人不理會；不如藉歷史上現成的事實來表現，可以深切著明些。"⋯⋯ 他的書實在是竊比《春秋》的。他雖自稱只是"厥協六經異傳，整齊百家雜語。"述而不作，不敢與《春秋》比，那不是過是謙詞罷了。

　　《史記》雖然竊比《春秋》，卻並不用那咬文嚼字的書法，只據事實錄，使善惡自見。書裏也有議論，那不過是著者牢騷之辭，與大體是無關的。原來司馬遷自遭李陵之禍，更加努力著書。他覺得自己已經身廢名裂，要發抒意中的鬱結，只有這一條通路。他在《報任安書》和《史記自序》裏引了文王以下到韓非諸賢聖，都是發憤才著書的。他自己也是個發憤著書的人。天道的無常，世變的無常，引起了他的慨歎。他悲天憫人，發為牢騷抑揚之辭，這反而增加了他的書的情韻。後世論文的人推尊《史記》，一個原因便在這裏。

　　司馬談很推崇道家，司馬遷時，儒學已成獨尊之勢，他也成了一個推崇的人了。至於《遊俠》、《貨殖》兩傳，確有他的身世之感。那時候有錢可以贖罪，他遭了李陵之禍，刑

重家貧，不能自贖，所以才有
"羞貧窮"的話；他在窮窘之中，交友
竟沒有一個抱不平來救他的，所以才有稱揚遊
俠的話。這和《伯夷傳》裏無道無常的疑問，都只是偶一借題
發揮，無關全書大旨。東漢王允死看"發憤"著書一語，加上
咬文嚼字的成見，便説《史記》是"佞臣"的"謗書"，那不但
誤解了《史記》，也太小看了司馬遷了。

　　《史記》體例有五：十二本紀，記帝王政跡，是編年的。
十表，以分年略記世代之主。八書，記典章制度的沿革。
三十世家，記侯國世代存亡。七十列傳，類記各方面人物。
史家稱為"紀傳體"，因為"紀傳"是最重要的部分。古史不
是斷片的雜記，便是順案年月的纂錄；自出機杼，創立規模，
以駕馭去取各種史料的，從《史記》起始。司馬遷的確能夠貫
穿經傳，整齊百家雜語，成一家言。他明白"整齊"的必要，
並知道怎樣去"整齊"：這實在是創作，是以述為作。他這
樣將自有文化以來三千年間君臣士庶的行事，"合一爐而冶
之"，卻反映着秦漢大一統的局勢。《史記》共一百三十
篇，列傳佔了全書的過半數；司馬遷的史觀是以人物為
中心的。他最長於描寫，靠了他的筆，古代許多重要人物
的面形，至今還活現在紙上。

趣味重溫

一、你明白嗎？

1. 判斷下列句子陳述的內容的正誤，將正確的打 ✓，錯誤的打 ✗。

a. 司馬遷繼承父業，作了太史令，又到處去搜求史料，
為寫史記作準備。 （　　）

b. 司馬遷因為直言而袒護了投降匈奴的李陵，武帝殺
了李陵全家，處司馬遷宮刑。 （　　）

c. 司馬遷由於家貧，交不起錢贖罪，親友也不為一言。
但為了完成《史記》的寫作，他只得忍辱負重去受宮
刑。 （　　）

d. 但使龍城飛將在，不教胡馬渡陰山。飛將軍指的是
霍去病。 （　　）

2. 《史記》文字優美精煉，並善於吸收民間諺語、俗語和歌謠，《史記》中
很多成語都流傳至今，請把跟文中所敍內容與相對應的詞語填在線上。

a. 韓信説：「果真像人們説的狡兔死了，出色的獵狗就
遭到烹殺；高翔的飛禽光了，優良的弓箭收藏起
來；現在天下已經平安，我本來應當遭烹殺！」 ＿＿＿＿＿＿

b. 項羽率領全軍渡河，渡河之後，把船只統統鑿沉，砸
毀鍋灶，燒掉營舍，攜帶三天口糧，以向士卒表
示有去無回的決心。 ＿＿＿＿＿＿

c. 天下敢有收藏《詩》、《書》、諸子百家著作的，全都
送到地方官那裏去一起燒掉。盧生尋藥未果而出逃，
秦始皇大怒，下令拷問咸陽術士。事後，將相關
460 名術士在咸陽坑殺。 ＿＿＿＿＿＿

d. 荊軻和着節拍唱歌，發出蒼涼淒惋的聲調，一邊向前

走一邊唱道："風蕭蕭兮易水寒，壯士一去兮不復還！"又發出慷慨激昂的聲調，送行的人們怒目圓睜，頭髮直豎，把帽子都頂起來。　＿＿＿＿＿＿

e. 有個能力差但會披狗皮盜東西的人，説："我能拿到那件白色狐皮裘。"於是當夜化裝成狗，鑽入了秦宮中的倉庫，取出獻給昭王的那件白狐裘，昭王便釋放了孟嘗君。孟嘗君恐怕追兵趕到萬分着急，賓客中有個能力較差的人會學雞叫，他一學雞叫，附近的雞隨着一齊叫了起來，便立即出示了證件逃出函谷關。　＿＿＿＿＿＿

f. 項王就與漢約定，平分天下，劃鴻溝以西歸漢，鴻溝以東歸楚。項王答應了侯公的要求，把漢王的父母妻子送了回來。　＿＿＿＿＿＿

1）楚河漢界　　2）怒髮衝冠　　3）兔死狗烹
4）雞鳴狗盜　　5）焚書坑儒　　6）背水一戰

3. 項羽敗給了劉邦，根據《史記》的描述，失敗的原因如下，請將正確的打 ✓，錯誤的打 ✗。

a. 項羽在"鉅鹿之戰"這場仗裏打得太艱苦了，渡河之後，因他把船只全鑿沉了，把鍋灶也砸毀了，把自己的軍隊逼到絕路上去了。　　　　（　　）

b. 項羽太重情義死要面子，又沒有忍辱負重的性格，不聽范增勸告一意孤行。　　　　　　　　　　（　　）

c. 項羽性格粗魯，沒有謀略，不太會打仗。　　（　　）

d. 烏江亭長已經把船停在岸邊等他，他因無顏見江東父老，仍然選擇烏江自刎。　　　　　　　　　（　　）

二、想深一層

1. 項王的失敗與張良不無關係，試選擇最直接導致項羽失敗的因由。

( )

a. 張良是個明辨是非，通曉事理的人，聰明好學，還很尊重長輩。

b. 張良建議沛公燒絕棧道斷絕項王窮追不捨的路線。

c. 張良勸沛公另謀出路。

d. 張良建議劉邦到鴻門圓滑地向項羽請罪，項羽錯失了除掉劉邦的機會。

2. 扁鵲是神醫，但診治桓侯的時候，他最後看見桓侯就跑走了。其中的原因是甚麼，請選出最恰當的一項。

( )

a. 說明扁鵲醫術高明，是我國古代的名醫。

b. 說明扁鵲治病救人，有高尚的醫德。

c. 告誡人們要正視自己的毛病和錯誤，不能拒絕幫助。

d. 告誡人們過分驕傲自信是錯誤和危險的。

3. "楚漢相爭"最後的結局是以項羽徹底失敗而告終。請按順序排出此時項羽最後行為。

a. 贈馬長者，下馬殺敵，仍顯英雄本色。

b. 烏江欲渡未渡，無顏見江東父老。

c. 自刎而死，徹底失敗。

d. 垓下被圍，四面楚歌，英雄末路，慷慨悲歌。

4. 《史記》運用人物對話和細節描寫來表現人物性格，傳神逼真、飽滿生動。請品讀描寫韓信的片段，並填上對應的答案。

a. 召見曾經侮辱過自己、讓自己從他胯下爬過去的年輕人，任用他做了中尉，並告訴將相們說："這是位壯士。當侮辱我的時候，我難道不能殺死他嗎？殺掉他沒有意義，所以我忍受了一時的侮辱而成就了今天的功業。"

b. 劉邦有一次不經心地與韓信談到各位將軍的帶兵能力。韓信得意忘形地說這個只能帶三萬，那個只能帶五萬。劉邦問韓信："你看我能帶多少？"韓信說："陛下頂多不超過十萬。"劉邦說："那你自己呢？"韓信說："我是多多而益善。"

c. 韓信說："大王自己估計在勇敢、強悍、仁厚、兵力方面與項王相比，誰強？"漢王沉默了好長時間，說："不如項王。"韓信拜了兩拜，贊成地說："我也認為大王比不上他呀。"

d. 韓信派人暗中打探，領兵進入井陘狹道。離井陘口還有三十里，停下來宿營。半夜傳令出發，挑選了兩千名輕裝騎兵，每人拿一面紅旗，從隱蔽小道上山，在山上隱蔽着觀察趙國的軍隊。韓信告誡說："交戰時，趙軍見我軍敗逃，一定會傾巢出動追趕我軍，你們火速衝進趙軍的營壘，拔掉趙軍的旗幟，豎起漢軍的紅旗。"

e. 蒯通說："蒼天賜予的好處不接，反而會受到懲罰；時機到了不採取行動，反而要遭禍殃，希望您仔細地考慮這件事。"韓信說："漢王給我的待遇很優厚……，我怎麼能夠背信棄義呢！"韓信說："果真像人們說的'狡兔死獵狗烹'；真的是到了鳥盡弓藏的時候。現在天下已經平安，我本來應當遭烹殺！"

1）韓信選擇了忠誠，但最後落了個不得善終的下場。

2）言而有信不計前嫌的仁義之將。

3）自恃才能，得意忘形，不懂謙恭退讓，傲慢自大。

4）具有傑出的軍事才能。

5）心直口快，直來直去，不事恭維。

三、延伸思考

1. 秦始皇統一了中國，自古以來就評説不一，毀譽參半。有人説，如果當時不是一位儒生不識相，提出不同的建議，秦始皇未必會焚書坑儒，也不至於造成歷史上空前的文化浩劫，你怎麼認為呢？

2. 項羽和李廣，一個是亂世英雄，一個是衛戍名將。馳騁沙場時都是豪氣衝天，所向披靡。但兩個流傳千古的英雄，都是自刎而死，他們悲壯的命運和性格有沒有關係呢？

3. 中國史書的組織材料的方法有兩種：以歷史人物的傳記為主（紀傳體）和以時間順序為主（編年體）。史記就是紀傳體的。就紀傳體而言，由於歷史人物多，人物之間交叉史實紛繁，一件複雜的事可能要比對幾個人的傳記才能看得清楚。比如 "秦始皇" 一節中提及 "二十九年（前 218），始皇到東方去巡遊。到達博浪沙時，遭人行刺"，具體是誰，沒有交待。到 "留侯張良" 的列傳才知道，原來刺客是張良。反過來説，你覺得編年體的寫法又有哪些好處，有哪些不便呢？

參考答案

趣味重溫

一、你明白嗎?

　　1. a. ✓　　　b. ✓　　　c. ✓　　　d. ✗

　　2. a. 3)　　　b. 6)　　　c. 5)　　　d. 2)　　　e. 4)　　　f. 1)

　　3. a. ✓　　　b. ✓　　　c. ✗　　　d. ✓

二、想深一層

　　1.（d）

　　2.（d）

　　3. d — b — a — c

　　4. a. 2)　　　b. 3)　　　c. 5)　　　d. 4)　　　e. 1)

三、延伸思考（此部分不設答案,可自由回答)